凡事往好處想的遊戲

金錢✕生活✕幸福✕教育✕職場

最有溫度的心靈導師林達宏老師，帶你走出人生困境的 **55** 個心法

林達宏——著

【推薦序】傳遞向上向善的力量

達宏就讀本校車輛系期間，曾為我任課班學生，他不僅在課業上表現優異，且個性活潑開朗、熱心助人，也因此獲選為學會會長，懷著真摯熱忱為同學服務。

記得當時系上同學在他豁達樂天的性格引領下，凝聚共識及向心力，成為校內最團結的學系。

本書陳述了達宏的成長背景、過往的經歷及人生信念，讀完後才知達宏是在窮困的家庭中長大，可是自他學生時代至今認識多年，卻從未曾見他表露過自憐自艾、怨天尤人的負面情緒，反而是他身上所散發的正面、積極、陽光、熱情等特質，不斷感染激發身邊的人。

達宏不僅自己豁然對待生活，還將正向思維傳遞散播給大家，激勵人們產生信心，迎向正向的人生觀。這些年來，他透過教育訓練傳遞人們向上、向善的價值觀，數年間即幫助了上萬人的生命獲得蛻變，完成了一個來自貧窮孩子「用生命影響生命」的夢想。

依據「吸引力法則」，正面的思想會產生正面結果，負面思考則將導致負面結果，「凡事往好處想」正切合達宏寬闊的個性，相信這也是他獲取成功的密碼。

　　「人生不如意之事十有八九」，如果此時您正陷入膠著的情緒中，不妨翻開這本以他個人經歷與成長為本所寫出的好書，讓書中的某一句話或某一個故事感動您、影響您，甚至改變您的生命，也讓達宏充滿感染力的人生，助您實現更美好的未來。

國立屏東科技大學校長　戴昌賢

【推薦序】**轉念，成就美好！**

因緣際會下認識達宏老師，言談交流間，便能充分感受到其樂觀務實、精進奮發、好學謙下的性格。

感謝其厚愛肯定，邀請我為之做序，細細品嚐達宏老師的文字，當下便覺「觸目所及無非佛法妙諦，一切皆緣盡是人生際遇」。他的人生，依世間角度來看，並非一帆風順，然而透過正確的思維觀念與行動力，卻活得精彩！

更精準的說，就是不輕易浪費每次的挫折困難與危機。除了實踐《心經》所言：「照見五蘊皆空，度一切苦厄。」化解當前苦難外，更力行「心如工畫師，能畫諸世間」的積極態度，開創美好未來。

翻閱了達宏老師的書之後，你就會了解到，其實當拋卻內心主觀意識的小劇場，如實冷靜的釐清每個當下到底發生什麼事，再選擇給予寬闊光明的回應時，世界就不一樣了！因為心的力量很大，能決定眼睛看到的世間，能創造屬於我們的世界，能引領我們到對的地方。

好好的愛自己，活出自我生命的如來吧！

雖然這個世間變化無窮，卻也充滿希望，就如家師星雲大師所言：「因為無常，因此明天可能會更好；因為無我，因此

未來可能會更大。」

在疫情肆虐下，不少人對於大環境感到苦悶無力，對自己的未來感到迷茫未知，不妨靜下來翻開這本書吧！絕對會有所收穫啟發的。願大家都能像達宏老師一樣，選擇堅持「向上、向善」，讓自己成為混沌中的一道道光芒，光光相照，彼此成就，相互給予信心、歡喜、希望、方便，給出一個價值不凡的人生。

佛光山都監院頭單書記 釋慧屏法師

【推薦序】第一個人，帶一群人

達宏是我在屏東科技大學的學弟，我們從 921 地震那年認識至今。

他來自一個貧困卻溫暖的家庭，被譽為最有溫度的講師。他總是熱誠、笑容滿面，好幾次我到南部演講，他都前來聆聽、接送。

有一次我在花蓮靜思堂演講，互動時間，他第一個站起來回饋，提到我說的「第一個人」。

我創辦屏科大慈青社，屏科大將近三百公頃，從大門口到最高、最遠的頂端約 2.5 公里，臺灣單一校區面積最大。念書時期，學校裡有許多工程，大卡車進進出出，道路轉彎處積聚掉落的碎石，導致摔車事件層出不窮，碎石卻越來越多。

後來我開始拿起掃把清理，結果班上同學還有其他不認識的人看到後，紛紛停下機車加入我的行列，碎石頭一顆一顆慢慢不見。所以這個社會並不冷漠，只是大家不敢做「第一個人」。

一般的教育機構可能只是教導「向上」，達宏卻更引領大家「向善」，我覺得他就是這個領域的「第一個人」，很多地方都看得到他的創新。

　　認識越久，發現他更多才藝，非音樂科系卻創作歌曲，為慈青社還有我的部落格都寫了一首歌。

　　我演講常常分享「善解」，也就是「轉念」，轉念就是轉命，和他的新書方向一致。

　　這本書我逐字看完，有很多讓我受用的地方，相信對您一定也有幫助。希望大家好書不要藏私，要和好朋友分享！

大愛電視臺主播 倪銘均

【推薦序】學會轉念就是超人

認識達宏，是在教室裡。

不是在一般學校，而是一個非常特別的大師成長課程。他是我的學長，不過因為不是同一期，原本沒有太多交集，但後來發現，我們兩個總是很認真的回到教室裡複訓旁聽，一再不期而遇，交談之下才知道原來他自己也是講師，啟發過無數學生。

人生的緣分就是這麼奇妙，我們一個在臺北、一個在高雄，各自的生活圈沒什麼交集，根本不是同一掛的人，卻因為教室裡那種真實坦誠的氛圍，我們之間逐漸發展出一種可以深談的友誼。

我們平時不常聯繫，有一次接到他的電話，他興沖沖的跟我說他剛參加一個內觀課程，得到滿滿的收穫，然後鉅細靡遺的描述了整整七天從苦到甘到靈性大開的過程，我也聽得津津有味。有一種朋友，你可能不會約他吃飯、看電影、開趴踢，卻擁有可以討論人生更深層的默契。

達宏曾經邀請我南下演講，當時他告訴我，一直想寫本關於「轉念」的書，我聽了大力贊成。我時常對我的孩子說，轉念是人生的超能力，能把負變成正、酸變成甜、失去變成獲

得、苦難變成智慧⋯⋯，學會轉念就是超人。

　　恭喜這本書終於完成了，感謝達宏不吝分享，也祝大家看了都變超人。

知名主持人、愛的分享會創辦人 徐曉晰

【推薦序】一本無需推薦就會讓人上癮的書

一本值得閱讀的好書，推薦序其實是多餘的，強烈建議各位看到這裡就直接進入作者的自序，或是第一篇「往好處想的金錢觀」，開始享受裡面豐富的智慧與人生經歷。

這是一本無需推薦就會讓人上癮的書，如果不信，你可以隨意翻閱其中任何篇章，都會讓你情不自禁的融入於他的故事、心情等文字中，而且還會時不時的戳中內心深處，不斷有「啊哈！」的快感與振奮。

第一次見到達宏老師，是我人生的第一場高雄演講會上，他特別跑來送我一本親筆簽名著作《Facebook 非試不可的行銷術》，當下我赫然見到第一位推薦人正是鴻海老同事施文星總經理（鴻海高軟創新育成中心），所以印象中的達宏老師是網路行銷界的祖師爺，幾乎臺灣所有這個領域的高手、講師，都曾在這位祖師爺門下拜師學藝過，這就是我的第一印象。

數年後，因緣際會再度見到達宏老師時，我才知道這位祖師爺不但擅長網路行銷，還是學貫古今、東西方各大門派的高手，舉凡大家耳熟能詳的賴瑞‧吉爾曼、哈福‧艾克、布萊爾‧辛格、安東尼‧羅賓、羅伯特‧清崎、伯恩‧崔西、麥可‧格西……等，達宏老師都曾親自飛往世界各地去上課，實在讓

人既欽佩又好奇，這是一位怎樣的講師，怎麼可以擁有如此驚人的智慧與閱歷？

　　後來在我們合作的「生命的震動與覺醒」課程上，終於有機會親自聆聽到達宏老師的「覺醒」內容，得知他的成長與奮鬥故事，讓我更加感動與欽敬，無怪乎每回見到他總是那麼有陽光與溫度，也總是那麼有耐心的回答與協助學員的問題，這樣的人生導師真的不多。

　　關於這本書，我建議讀者可以先仔細的閱讀一遍，然後針對自己的現況，把最有感覺的篇章標註起來，作為人生、工作、家庭的指導手冊，隨時拿出來細細品味。

　　這還不夠，如果生活中有遇到任何狀況，你都可以立即拿出這本書，並翻到相關的篇章閱讀，一定也會有我前面提到「啊哈！」的感覺，就會知道該怎麼面對這些狀況了。

　　好了，如果你不小心讀到這裡，我還是要強烈建議你千萬別再浪費時間，趕緊進入本書的精彩篇章吧！

XCEL NEXT 創投基金執行合夥人、日勝生京站實業董事、安勤科技獨董

顧及然

【推薦序】把握對待生命的態度

聽到達宏老師要出書,我心裡一點都不意外,因為他默默的用行動深耕教育訓練多年,培育無數的年輕創業家,個個優秀、傑出。老師邀請我寫推薦序,實在不敢當,我也是達宏老師的學生之一,老師出書,學生責無旁貸,全力支持。

在我們的人生當中,很多事情並不是我們可以預測的,未來也不是憑我們的意志就可以改變的。

在這個世界上沒有絕對的事情,任何事情都是一體兩面,塞翁失馬,焉知非福?任何事情都是變化無常,好的事情會變壞,而壞的事情有時候也會出現好的轉機。

所以,我們應該抱有樂觀的態度,凡事都應該往好處想一想。對於不能改變的事情,我們只有接受,唯有接受才是最好的選擇,接受了,才能努力改變這樣的現實。

即使我們已經是最不幸的人,即使我們已無法改變自己的命運,但我們仍然可以把握一樣東西,那就是我們對待生命的態度。

春夏秋冬,花開花謝,生命來往,季節變換,凡事看開,人生才坦然。

所有的人生境遇,不管是順是逆,都隱藏著美麗的祝福,

只要學會心存感恩少抱怨，不管發生什麼事，都一定有要學習的功課，學會換位思考，活著就是福氣，往往有一些阻礙，是讓你避過了一些災難。

如果逆境來臨了，你要轉念恭喜自己，改變命運的機會來了，凡事往好處想，一切都是最好的安排。凡事都要往好處想，坦然接受你已無法改變的事實，你會發現生活本就不灰暗，隨之歡樂也會接踵而至。

本書作者林達宏老師是一位全身充滿正能量細胞的教育工作者，推動「向上」、「向善」的崇高理念，更獲得「最有溫度的老師」美譽！

本人強力推薦林達宏老師的精心創作，因為您值得擁有！

美樂美髮企業有限公司總經理 沈美利

【推薦序】思維是改變逆境的最好心法

　　人生路上往往有許多考驗等著我們，遇到問題你是先面對還是先抱怨？多數人會埋怨自己怎麼這麼倒楣，然而上過達宏老的覺醒課程後，改變了思維方式，以後遇到問題就會選擇先面對。

　　記得我們公司曾因會計對帳務的不熟悉，差一點要挨罰，還好上過達宏老師的課，一轉念，我心想，在報稅的最後一天發現，太棒了！發票還沒有繳回，太棒了！我還有錢可以馬上處理這件事情，太棒了！改變思維後往好處想，這就是最好的印證。

　　原來，我們都得經歷過許多的挫折後才會發現，原來轉念就會改變，但是如何轉念，那就是把心理的障礙放下，真的放下才可以馬上轉念，接下來面對問題、解決問題就不是難事了。

　　我跟達宏老師認識在福智的土豆四班，我們因學習佛法而認識，這麼多年來，達宏老師一直是我的心靈導師，尤其上過了覺醒課程後，知道一顆善良的心，會自相映出豐富美麗的人生，你怎麼想，宇宙就呈現出你想的樣貌。

　　在量子學裡，可以印證，唯有自己的思維改變，跟最真實

的自己相遇，那麼未來的各個面向都可以因為你的往好處想，
有了利他的念頭，加諸行動，那麼好的結果會回報到你自己的
身上。誠摯推薦各位細細品嘗達宏老師的心法，來面對現在
和未來！

京晏建設有限公司負責人、京沐建設有限公司負責人、
京宸不動產行銷有限公司負責人、買房123顏姊開講負責人 **顏辛慧**

【推薦序】走在向上、向善的道路上

第一次接觸林達宏老師的課程是「非試不可的行銷術」，當時就覺得這個老師和一般老師不一樣，隔了兩年，我進入老師的「覺醒」課程，當時我和在一起十七年的先生在關係上出現了分歧，不想和對方溝通。

當時老師只對我說了一句話：「你要證明你是對的還是得到你想得到的？你想要什麼？」

我說：「當然是希望可以和老公好好的一起工作，不要起衝突啊！」

老師說：「那你都做了什麼？」

瞬間我突然懂了，那陣子我都在證明我是對的，完全沒有顧慮老公的心情。很多時候，我都覺得沒有得到老公的肯定，上完課程後我明白了，原來老公是用另一種方式在說「我愛你」。

當我開始有意識的過生活，神奇的事發生了，我和老公現在就像熱戀的情侶一樣，每天有說不完的話，想讓對方幸福快樂每一天！

達宏老師是全臺灣最有溫度的老師，渾身散發著向上、向善的使命感，不斷將自己的所知所學分享給需要的人，這本

書真心推薦給每一個人，無論現在的你處在什麼階段，是為人子女、為人妻或為人父母，裡面的金錢觀、生活觀、幸福觀、教育觀……等，每個簡短的故事都可以帶給大家不同的看見，進而落實在日常生活中，讓大家每一天都走在向上、向善的道路上。

貝昇資本股份有限公司負責人 梁維修、李祥薇

【推薦序】每次閱讀都會有新的感受

　　大家好，我是蔡宗賢醫師，一位執業多年並熱愛我的職業的醫美醫師，我最擅長把客人臉上的皺紋移除、修飾線條、調整比例，給客人充滿信心的「外在美」。

　　林達宏老師，我的生命導師，是一位熱愛生命、接受挑戰、願意分享並幫助他人的老師。他最擅長用生命裡的小故事，來讓觀眾、聽眾擁有自信與幸福感，去擁有滿滿的「內在美」，並被學生們稱為「最有溫度的老師」。

　　手上拿著這本書的你，閱讀到這裡時，請先放慢速度，深呼吸……，並拍拍自己的肩膀，微笑的跟自己說：

　　「我好幸福，我有眼睛可以看得到字。」

　　「我好幸福，我有閱讀的能力與清晰的思緒。」

　　「我好幸福，我有時間可以看書。」

　　如果這本書是你買的，恭喜你，你把金錢用來投資自己的腦袋；如果這本書是別人送你的，恭喜你，你一定曾經送過別人東西，經過「種子法則」，現在有人把好東西分享給你；如果你只是順手翻翻看的，恭喜你，透過閱讀這本書，你離「幸福」就越來越近了。

　　以上的思維，都是達宏老師在各種課堂裡分享並教導我

的，很棒吧！

　　這本書裡面的文章非常淺顯易懂，但卻又能讓人反覆閱讀，因為每次都會有新的感受，並強化內心的幸福感。

　　課堂上曾聽過達宏老師說：「你不需要很厲害才能開始，但是你必須要開始才會變得很厲害。」

　　相對的，讓我換個講法：「你不需要很幸福才開始閱讀這本書，但是你在品嘗這本書後，一定會變得越來越幸福。」

　　祝福你，有個美好的一天。

　　祝福你，在閱讀完這本書後，能夠充滿著溫暖與喜悅。

臺南美美上美診所院長 蔡宗賢

【推薦序】腦袋的意念，成就你的人生

認識達宏老師是在 2018 年 12 月，公司舉辦「向上向善，改變自己」的演講開始，大家對外表瘦弱、內心強大的達宏老師有了不一樣的想法，這位放牛班的孩子變成課堂上最有溫度的老師，「向上向善」的想法開始植入在大家腦中。

2019 年，上了「超級講師」課程，明明是超級講師培訓，卻是那麼觸動人心。

2019 年，全公司的「團隊共識」，課程中我們建立了公司榮譽典章，我們種下「種子法則」，我們知道愛只能用愛回報，一堂很特別的入心團隊共識。

2020 年，全公司分成三班，輪流上「覺醒」課程。有人說我用不到衛生紙，但是看到告別自己的悸動、面對親情選擇的痛苦、聆聽自己的內心世界，卻默默的流下眼淚，是覺醒也是重生，好震撼的一堂課。

怎麼有那麼正向的人呢？不論是哪一個方向的人，達宏老師就是有辦法導引到正向的路上。入心的力道，好像太極拳看似輕柔，卻是實勁。達宏老師讓我了解人生很難但有規則，明白規則心就安頓。

在此，一定要分享老師的規則金句，也是影響我很深很深的名言：

你說的話，是宇宙的命令。
腦袋的意念，成就你的人生。

人生不好也不壞，它只是依我腦袋的想法，活成我現在的樣子。

向上向善已成為達宏老師的代名詞，凡事往好處想的遊戲，在老師身上也一直實踐著，跟著老師的遊戲練習，將改變我們金錢觀、生活觀、幸福觀、教育觀及職場觀，期待進入凡事往好處想的遊戲中。

河見電機股份有限公司副總經理 張乃文

【推薦序】發現屬於你的光明和選擇

達宏的書是他人生的經驗及肺腑之言。

他曾經經歷了人生的低點，又重新發現了如何去開創新生命。

當你在讀他書裡的文字時，你讀的不只是文字，

你讀的是他如何經歷並從谷底翻身。

他經歷過生命中的黑暗，讓他的文字來鼓舞你！

所以你們每一個人可以選擇住在光裡面，就好像達宏老師一樣。

這是你應得的。透過閱讀和瞭解這本書，你會發現屬於你的光明和選擇。

Larry Gilman

Linda in this book, speaks from his
heart & experience. He has been to the
lowest points in his life to discover
how to create his life again.

As you read these words, they are not
just his thoughts. Rather - from his
experience of living in the depths of the
valleys and choosing life again.

He has gone and lived in the dark and
chosen light & life. Drawl from his
experience. Let his words lift you up, a step
at a time. So that each of you can discover
for yourselves the choice to live in the light
To live in the brightness of life. Just like
Linda - you deserve it. Discover that for
yourselves by reading & digesting this book.
with Love   Larry Feldman

【推薦序】活出想望的人生

我是達宏在本書中第二十九章裡提到的恆菁老師，當他來邀請我寫序時，我不猶豫的答應了，因為達宏像極了年輕時的我，充滿使命感，有著新鮮的肝和滿滿正能量。

現在的我們都成功活出了自己的人生，因此相信，只要自己有足夠的熱情、熱血，便能影響別人去辨識出自己的圓滿和美好，也有能力去翻轉自己的人生。

我曾參加過達宏的演講、讀過達宏的書。他不但向學習者提供了全方位在當今社會和未來需要的最新、最實用技能，也持續鼓舞他的學生們心靈的成長和正確的方向。

活出自己，活出快樂，你便能打開內在無比強大的力量，輕輕鬆鬆不費力的開發自己的潛能，活出你想望的人生！

有一次在參加達宏的歲末感恩餐會上，我看著上百人對他唱著《感恩的心》，並且一個一個過來擁抱他，我心裡充滿了感動。沒有什麼比看自己撒下的種子，長成大樹，並繼續散播著美好的種子，更讓我覺得幸福、充滿希望。

達宏，謝謝你！如果老師幫你打開了一扇窗，讓你看見自己的未來和使命，你便是指引、鼓勵很多人打開一扇門，走出自己的日光大道。

劉恆菁

【自序】凡事往好處想的遊戲

出一本書雖然是以前的夢想，但沒想到真正動筆的這一刻已過了十年。

「想」是永遠不會有改變的，唯有「做」才是王道。

我不確定自己是否有流著作家的血液，直到某天聽了中廣的廣播節目，寫了一篇《凡事往好處想的遊戲》文章後，隨手寄給在信箱裡的聯絡人，從此開始，一段時間就會收到這封郵件的轉寄。

某天好奇心使然，我上網去搜尋關鍵字「凡事往好處想的遊戲」，一搜尋才發現，竟然有 80 多萬個網頁與這個主題相關，於是乎內心裡告訴了自己，既然這個主題對大家而言是有幫助的，那就來寫一本書吧！

這本書中，我用了 55 個章節，以我的人生故事，從出生貧困、就讀放牛班、就業、失業、憂鬱症到創業的過程，分享一路上遇到了許許多多不容易，我如何走出困境的過程，以及我如何往好處想的方法與心法。

在我們的一生中，離不開金錢、教育、生活、職場與想活出幸福的人生，本書我也分享了不同的人生象限及生活中的點滴故事，希望能帶給大家正能量，讓更多正面思考，能在大

家的生活中派上用場，不管面對任何的難關，抬頭看永遠有藍天，只要不放棄，生命終會有出路。

我沒有一個物質豐盛的出生，但是我有一個溫暖有愛的家庭；
我沒有一個成績輝煌的求學，但是我有一個良師益友的環境；
我沒有一個工作穩定的生涯，但是我有一個發揮良能的職涯；
我沒有一個令人稱羨的人生，但是我有一個往好處想的生活。

如果我能走過這些困境，我相信你們一定也可以。

能夠出版一本書，要感恩好多人，特別藉由這本書的出版，感恩我的家人，還有一路上支持我的貴人、達陣的學員們，以及我生命中的老師們：

證嚴法師、倪銘均學長、顧及然院長、薩古魯、吳錦昌董事長、釋慧屏法師、劉恆菁老師、鄭幸雅老師、林秋豐老師、戴昌賢校長、古源光校長、賴瑞・吉爾曼（Larry Gilman）、哈福・艾克（T. Harv Eker）、布萊爾・辛格（Blair Singer）、安東尼・羅賓（Anthony Robbins）、羅伯特・清崎（Robert Toru Kiyosaki）、伯恩・崔西（Brian Tracy）、麥可・格西（Michael Roach）……

在你開始閱讀本書前，我還有一個意圖：

這本書一定能夠有一句話、一個故事能帶給你收穫，改變一生。

有一次收聽中廣的廣播時，來賓正在分享他最近與孩子互動的遊戲，那是叫「凡事往好處想」的遊戲。

媽媽問孩子：「今天上學發現，口袋裡的 10 元不見了，請往好處想……」

孩子回答：「還好不見的不是 100 元。」

父親回答：「撿到的人一定很高興。」

媽媽問孩子：「今天上學後開始下起大雨，請往好處想……」

孩子回答：「還好舅舅家住得近，可以幫我送傘。」

媽媽問孩子：「很用功的準備段考後，考試成績卻非常不理想，請往好處想……」

孩子回答：「還好不是聯考。」

我一邊聽著廣播，一邊覺得這個遊戲很有趣，凡事往好處想，整個心情就會變得不一樣了。

記得有個故事，一個女孩遺失了一支心愛的手錶，一直悶

悶不樂的，茶不思、飯不想，甚至因此而生病了。

　　神父來探病時問她：「如果有一天你不小心掉了 10 萬塊錢，你會不會再大意遺失另外 20 萬呢？」

　　女孩回答：「當然不會。」

　　神父又說：「那你為何要讓自己在掉了一支手錶之後，又丟掉了兩個禮拜的快樂？甚至還賠上了兩個禮拜的健康呢！」

　　女孩如大夢初醒般跳下床，說：「對！我拒絕繼續損失下去，從現在開始我要想辦法，再賺回一支手錶。」

　　人生嘛！本來就是有輸有贏，更是有挑戰性的，輸了又何妨。只要真真切切為自己而活，這才叫做真正的「生命」。有些人就是因為不肯接受重新開始的事實，以致越輸越多，終致不可收拾。

　　正向思考我們不會怨天尤人，
　　正向思考我們不會心情鬱悶，
　　正向思考我們不會一蹶不振，
　　正向思考我們不會苦無出路，
　　正向思考我們不會離樂得苦。
　　正向思考會為我們帶來一個停損點，

正向思考會為我們帶來樂觀、開朗的性格，

正向思考會為我們帶來慈悲的胸懷，

正向思考會為我們帶來重新站起來的力量，

正向思考會為我們帶來無限的希望。

　　這真的是一個很好的觀念，這個遊戲或許大家真可以用在生活上，道理不在懂不懂，只在做不做，改變就從此刻開始！

目次

第二關 往好處想的「生活」觀

往好處想的「金錢」觀

金錢的兩個用途，一是價值交換，二是表達感激。
當你成為一位有價值的人，同時又能時刻表達感恩，
你就是一個富足之人。

01
借十塊錢買菜也要餵飽六個小孩

» 往好處想宣言

人生所有的事到最後都是好事，如果我發現不是，那就代表還沒到最後。路還長，腰挺直，繼續走，好事在前頭。

　　我從小生長在一個非常貧窮的家庭，父親是一位水泥工，每天就是去工地挑磚頭、搬水泥，一個月只有非常微薄的薪資養活家庭，工作更常常有一天沒一天。

　　因為傳統傳宗接代的觀念，家裡一定要生男丁，在我之上有五個姊姊，最大的姊姊年紀跟我差了將近一輪，所以可想而知，只靠著父親微薄的薪水，很難養飽我們一家六個小孩。

　　長大後聽媽媽說，以前日子難過時，媽媽也要開始跟著打零工，想要增加一些家裡的收入。但是偶爾還是有入不敷出的時候，因為全家有九張口（還有一個奶奶）等著吃飯，媽媽常說：「我們家以前窮到連要買菜的錢都沒有。」

　　記得有一天，小孩子肚子餓要吃飯的時候，媽媽翻米缸發現連一粒米都沒有，但是小孩子肚子餓還是要想辦法，於是她只好鼓起勇氣，去跟鄰居敲門。每敲一次門，她的心就揪了一下，因為她覺得沒有能力餵養自己的小孩，是一件辛苦的事，但是她為了養飽小孩沒辦法想這麼多，還是勇敢的去敲門。

　　每當有人開門的時候，她就會問：「能不能幫幫我們，小孩子肚子餓了沒錢買菜，可不可以借我十塊錢？」當時的十塊錢不少，足以讓我們全家吃上一餐，所以可想而知，當時我們的環境是多麼的困苦。

　　長大後常常聽姊姊跟我分享，她們說別的小孩有童年，她們卻沒有童年，很多小朋友上學的時候，可以六、七點開開心心吃完早餐才去上課，但是在我們這樣家庭長大的小孩，沒有一覺到天亮的權利，每天清晨就會被媽媽叫起床。不是為了要看清晨的太陽，早起也不是為了迎接一天的早餐，他們是要跟著媽媽去學校旁邊的剝蝦場打零工，從凌晨三、四點一直剝蝦殼剝到六、七點，等到學校上課鐘響了，她們才急急忙忙的換上制服，趕到學校上課。

　　姊姊們跟我說，她們在學校裡面都沒有人要跟她們做朋友，因為她們身上永遠都有一股腥臭味，這是他們很無奈又沒辦法去避免的過程，因為家裡就是這麼窮。在這種環境長大的

我們，沒有太多物質的享受，也沒有太多玩樂的選擇，甚至沒有受教育的機會，五個姊姊都是讀到國中畢業就無法繼續再升學了，不是因為她們不想讀書，而是因為家庭的環境實在無法支付學校的學費。

　　記得四姊曾經跟我說過，她非常非常想要讀書，可是她也知道家裡的環境無法支持她完成讀書的心願，於是她只好偷偷的去報名考試，不敢跟父母講。等到考試成績出來之後，她確定錄取了某一所學校，她非常開心的拿去給媽媽看，媽媽只短短的說了一句：「我們沒有錢讓你繼續升學。」

　　她知道這樣的結果非常難過，但只也能接受這樣的無奈，不過她後來並沒有放棄繼續升學，她跟媽媽達成一個協議，就是讓她自己半工半讀，於是她每天早上努力的去工作，晚上則去學校完成她的升學夢想。

　　而家境困苦的父母親，有一度曾經想把五姊送給別人養，因為當時實在是撐不下去了。不過總還是自己的親骨肉，他們把五姊送給別人的第一天就後悔了，因為他們相信老天爺一定會給我們一條生路，只要我們不輕言放棄，機會永遠在我們面前等待著我們。

　　聽了我的家庭故事之後你也許會想，我們既然那麼窮，一定也沒有任何的未來可言。但是媽媽常常告訴我們人窮志不

窮，只要你願意努力，只要你不放棄，機會永遠都會在。雖然我們在貧窮的環境下長大，但是我們常能感受到家人在一起彼此互相鼓勵的溫暖，如今我們六個小孩都已經成家立業，我們家人卻還是常常聚在一起，說著以前那段辛苦的過程。

聽著姊姊們講著家裡是如何貧窮，媽媽是如何堅持要養飽我們這六個小孩，我相信那種正向思考積極的力量，就是讓我們能夠順利成長的最大動力。我們都沒有含著金湯匙出生的幸運，但是我們都擁有相同的正向思考的勇氣，能夠讓我們度過種種的困難和難關。相信大部分的讀者都比我們還要幸福，我們可以，你一定也可以，挫折就是給我們最大的禮物。

人生不可能沒有任何的阻礙困難失敗，但是我們只要知道，把負面思考轉成正面思考，人生就會被你們翻轉過來。

地獄跟天堂只在一念之間，而決定你要活在地獄或天堂的那把鑰匙就在你手上，現在就鼓起勇氣拿起那把鑰匙，開啟屬於自己的幸福天堂之門，你會發現原來人生這麼的美好。

往好處想的練習

如果我很努力，但還沒有足夠的錢，請往好處想……

⓪❷
不上班也有錢

» 往好處想宣言

> 人生路上，難行能行。最重要的並不是我們最後得到了什麼，而
> 是這一路上玩得開心、成就了別人、活成自己都喜歡的版本，而
> 無憾此生，如此甚好。

有多少人每天都非常努力工作的？又有多少人每天為了
生活開銷不得不上班工作的？我想有超過 80％ 的人都是如
此，但是有 20％ 的人，他們不上班也很有錢。暢銷書作者哈
福．艾克在《有錢人想的和你不一樣》書中說：「**有錢人讓錢
幫他們辛苦工作，窮人辛苦工作賺錢。**」

努力工作很重要，但是光靠努力工作絕對不會使你致富。
有錢人可以用聰明的方法工作，他們都了解並使用槓桿原理來
讓自己省力，他們雇用其他人為他們工作，也讓自己的錢為自
己工作，以此來增加時間的槓桿。

在《富爸爸，窮爸爸》一書中，也是一直強調「ESBI」

四個象限，以及創造「被動收入」的概念。而當你的被動收入大於你的支出時，就是你財務自由之日。當你財務自由時，你依然可以「選擇」是否要工作，但此時的心態是截然不同的，你可以發揮最大的潛能，因為此時你一定是因為熱情、使命或是興趣才選擇工作，但是在沒有財務自由之前，都是為錢工作，兩者的差異很大。

　　哈福·艾克在《有錢人想的和你不一樣》書中進一步提到，被動收入主要是要「讓事業為你工作」。這個前提是從事業不斷產生收益，而你不需親自參與事業的運作就能接收獲利，例如出租房地產，或是從書籍、音樂或軟體獲得的版權、專利所得，成為經銷商、擁有儲存庫、擁有販賣機或其它投幣式機器，網路行銷通路……等等，這也包括設定任何一種系統平臺，不需要靠你就能自行運作的生意。

　　我們來看看一個例子，如果你擁有許多的飲料自動販賣機，而這些販賣機就放置在人潮眾多的地方，不管是夜市、學校、百貨公司或是軍中，這些販賣機在你睡覺的時候，它們依然為你工作，這就是一種被動收入，也稱為「非工資收入」。

　　如果你還沒有辦法接受這樣的觀念，我來列一個數學算式，你就會明白為什麼你必須接受這樣的觀念：

　　文哲是個上班族，一個月有 4 萬元的工資收入，加上年

終一個月。假設他一輩子上班三十年，我們來算算他這一輩子創造出來的工資收入：

40,000X（12＋1）X30=15,600,000

他三十年不吃不喝，光是靠工作工資的總收入是 1560 萬元左右，這樣的收入，在臺北連一間新房子都很難買得起。試問這樣的收入是你要的嗎？如果不是，你是否要開始做一些改變？

愛因斯坦曾說：「什麼叫瘋子，就是重複做同樣的事情，還期待會出現不同的結果。」

有些朋友看到這裡可能會開始想：「這些我都知道呀！但是就是不知道如何開始。」這就是一般人最大的問題。

想而不去做，也就是「知易行難」。有句話說：「不要當思想的巨人、行動的侏儒。」而我們之所以不採取行動的原因，主要是害怕失敗。

我們每個人都擁有一部超級電腦，能為我們提供解決方案，那就是我們的「大腦」，只要你問對大腦問題，往正面的思考去問，你就能獲得解決方案。例如：

「我要做什麼才能創造被動收入呢？」

「我該去請教誰，才能倍增我的收入呢？」

「我如果不工作，我要做什麼事才能維持生活開銷？」

「我要去學習什麼樣的課程、吸收什麼資訊，才能改善生活呢？」

「我周遭有什麼人已經在這個領域有所成就的呢？」

但是一般人可能不會這樣問，而是問：

「我想要創造被動收入，但是我不知道如何開始？」

「我不知道有誰可以幫我？」

「我不想改變，但是我想創造不一樣的結果。」

你看出差別了嗎？你知道如何問對問題了嗎？這個世界分成兩種人，一種是問問題的人，一種是解決問題的人，而最終解決問題的人成功致富了。在多年後，我也開始成為一個創造被動收入的人，過去這些年，我有過投資收入、房地產出租、書籍及影音版稅、股票股利……等。

你不需要很厲害才能開始，你必須要開始才能很厲害。

往好處想就是要問對自己問題，往正向積極、正面的方向去問，你的人生將開始不同。可惜的是，在我們現在的環境裡，很多人還是留有傳統的概念，認為「好好用功讀書，出社會找一份好的工作」，但是真正的重點在於你是否真的熱愛這份工作，還是只是為了錢、為了糊口飯吃而工作。

我相信答案你自己最清楚，如果每個人都能財務自由，都

能從事自己有熱情、有使命、有興趣的工作，那麼我想去到餐廳用餐時，可以看到每個服務生一定都是笑容滿面，因為他們都在做自己有熱情的事，到其他場合看每個工作者，也一定都是笑容滿面。

　　所以每天早上叫你起床的是鬧鐘還是夢想呢？如果是夢想，我要恭喜你，你走在一條正確的道路上。而如果每天早上起床你都無精打采，心裡想著：「今天放假不知道有多好？」那麼你就該好好的思考一下，你的熱情是什麼？

　　你要做什麼改變，才能讓你的人生過得越來越好呢？好好的問對大腦問題吧！往好處想，假如一切都有可能，我會創造多種被動收入。

- -

🏰 往好處想的練習

　　如果我投資被套牢了，請往好處想……

03
從三個月找不到工作到年收入百萬

» 往好處想宣言

沒有任何一個人可以扭轉歷史，人不能控制過去，也不能控制將
來，人能控制的只是此時此刻的心念、語言和行為。過去和未來
都不存在，只有當下此刻是真實的，我真真切切的活在當下！

　　百萬富翁在現代的社會已經不算什麼，不過卻是年輕人出
社會要「賺第一桶金」的指標。

　　我的求職生涯一點也不順遂，大學畢業前夕，班上很多同
學都在準備研究所的考試，對本科系沒什麼興趣的我，看著大
家都在考，沒有去考一考好像對不起自己，不過我又不想考本
科系，後來我去報考了企管所，跟我就讀的車輛系可說是相差
十萬八千里，一工一商，想當然爾，我是名落孫山了。

　　落榜後的我，到了軍中服役，一年十個月的日子很快就過
去（當然，當下感覺是日子怎麼過得這麼慢），在軍中雖然有
週休二日，但是也沒有好好把握時間去進修，去想自己未來的

　　方向。就這樣過著混一天是一天的日子，直到退伍後才開始找工作，一出社會根本不知道自己會什麼，企業需要的是什麼人才，自己的方向在哪裡？

　　從沒想過這些問題的我，就以本科系的相關職務開始投履歷，日子一天一天的過，面試的機會少之又少。就算有面試的機會，主考官一開口就說：「讀車輛系的不去修車，來我們這裡做什麼？」讓我心裡很不平衡，難道我這輩子除了修車沒有別的選擇了嗎？

　　走出面試會場，我告訴自己凡事往好處想：「別人看不起我，自己不能看不起自己。」

　　山不轉路轉，路不轉心轉，轉個念後心情平復許多。接下來我開始找的工作已不是機械方面，而是業務工作。業務工作是很多人排斥的，但是我告訴自己，要靠自己的能力賺錢，業務工作的獎金報酬，正好提供了我這樣的機會。

　　在面試了第一家出版社的業務工作後，我順利的錄取了，沒想到，這也開啟了我人生職場上很重要的一個工作體驗。在出版社的工作，每天早出晚歸，早上七點多出門，平均都要到晚上十點多才能回到家。

　　甚至有一次公司辦競賽，為了拿到第一名，直到凌晨一點還在工作，希望爭取到最後的訂單，我每天都得背著重重的書

到書局前、到校園裡擺攤、推廣。

　　第一次做業務工作的我，我的業績連續 23 天掛零，一套書都沒賣出去。還好在主管跟同事的鼓勵下，在第 24 天終於開花結果了，之後的三個月更是拿到了公司新人組業績第一名的成績，雖然每天累到回家躺上床不到一分鐘就睡著，但總算是做出成績了。

　　後來因為公司制度的關係，我又轉戰金融業，成為一位證券營業員，也在兩年多的時間內，曾經一度拿下分公司當日業績最高的成績。

　　當然，真正讓我年收入破百萬元的，是在之後電腦軟體公司服務的時候，從退伍到我年收入破百萬元只有短短四年。我讓自己從不被別人看好，到一路靠自己努力，贏得該有的待遇，這些事學校都沒有教，而是我一步一腳印跌跌撞撞走來的成果。

　　「儘管別人把我關了一道門，我也要為自己開一扇窗。」人生從來都不是掌握在別人手上的。

　　我的人生還在持續，而你的人生呢？別人對你否定、潑冷水、不看好的時候，你會怨天尤人、從此一蹶不振嗎？別灰心了，打起精神，「低頭看見的是自己的腳印，抬頭可以看見璀璨的天空」。

證嚴法師說過：「不要小看自己，人有無限可能。」

人生不是得到就是學到，勇於逐夢，才能築夢踏實。

· ·

🏰 **往好處想的練習**

如果我的工作不順利，請往好處想……

04
一堂三十萬的股票課

» 往好處想宣言

我清楚的知道，學習就是成功的捷徑，只要我願意學習，成功就在不遠處等我。

股票市場是很多人投資的第一選擇，但是在股市裡能真正獲利的投資人又有多少呢？以我當過兩年的營業員生涯來判斷，比例不到 10%，甚至更少。大多數人都是追高殺低，難以真正執行停損與停利的概念，也難怪在股市賺到錢的投資人少之又少。

在營業員的兩年中，遇到一個大戶陳媽媽，別的投資人一檔股票買個 5 張、10 張就算多了，陳媽媽一出手就是 30、50 甚至 100 張，對我的業績貢獻度很高。

也因此我找了個機會去拜訪她，原來陳媽媽是在經營加油站的生意，投資股市只是她的興趣，她笑笑的說：「消遣

啦！」看著她的電視裡，都是投顧老師的身影，一下電話響要帶進帶出，一下傳真機傳來投資標的介紹，我看她不是消遣，應該是在股票市場「殺很大」。

當年的臺灣股市大盤指數，在五、六千點上下盤整了很久，某天陳媽媽一通電話跟我說，她要放空一檔股票 30 張，我看了一下盤勢，對她說：「陳媽媽，這檔股票最近還滿強的，你確定要放空嗎？」

陳媽媽肯定的回答：「投顧老師說沒問題的，空下去！」於是我只好幫陳媽媽放空了 30 張。沒想到收盤前，這一檔股票竟然拉到快漲停，此刻我趕緊撥了通電話給陳媽媽，沒想到電話那頭的陳媽媽，語氣堅定的告訴我，等一下漲停時再空 30 張，她說投顧老師要她加碼不用怕。

收盤時，該檔股票漲停鎖死。隔天開盤，那檔股票又漲了半根停板，此時陳媽媽電話又來了，再加碼放空 50 張，這樣加起來就 110 張了。

我問：「這麼有把握？」

陳媽媽說：「對啦！投顧老師很準的。」

收盤時這檔股票又漲停作收了。接著就是痛苦的兩天，因為隨後的兩天，這檔股票都直接開盤漲停鎖死，我真的不知道該如何開口跟陳媽媽說。直到第五天漲停終於打開了，陳媽

媽來電，要我幫她把 110 張都補回來。我趕緊幫陳媽媽回補這放空的 110 張，我算了一下，就這麼短短五天，她大約賠了 30 萬元。收盤後，總覺得自己該做些什麼事，於是就趨車到加油站找陳媽媽。

陳媽媽的心情不怎麼好，電視上正播著那一位投顧老師的分析，她一邊看一邊罵給我聽：「說什麼帶進帶出，說什麼很穩，我還是鑽石會員呢！沒想到讓我賠了這麼多，一點都不準！」

我當時心想，還好陳媽媽經過這次的教訓後，對投資應該會多細心、多評估一些了，沒想到她接著說：「我告訴你，我今天換了一個更準的老師，我也加入他的鑽石會員，我會把賠的再賺回來！」

聽到這些話，儘管我心裡多麼想勸她，但是我知道一點也沒有用。離開時，耳邊傳來電視上的聲音盡是：「明天這檔股票沒跟到，你就不要後悔，這幾天我們的會員已經賺了三根漲停板了，機會是不等人的，加入我們你就能享受這一切，廣告過後，將為你分析下一檔飆股！」

一堂 30 萬元的課，你學到什麼了嗎？平常買東西都還會上網做點功課，股票一張最少數千元，多則十幾萬、上百萬元，很多投資者根本不知道這家公司是做什麼的，就冒然投

資，難怪坑殺散戶的傳聞不時傳來。但是人總是健忘的，過了一段時間仍在股市裡買高賣低的人比比皆是。

　　往好處想，投資與投機的不同處，就在於你是否有做足了功課，財務報表有看嗎？公司未來經營方向有了解嗎？大股東、董監事持股有異常嗎？很多細節都是值得投資人深思的。幸好有這樣的例子告訴我們，理財如果盲目還不如不要理。

　　聽完我客戶的故事，我想和大家分享大家公認的投資專家華倫‧巴菲特說過的幾段話，或許能為你帶來一些啟示。

◆「如果你沒有做好持有一檔股票達十年以上的心理準備，那麼奉勸你連持有它十分鐘都不要做。」

◆「我們從未想到要預估股市未來的走勢。既然『大盤趨勢可以預測』是一個不切實際的幻想，面對變化莫測的股市，投資人可有何安身立命之策？我們偏愛的持股期限是永遠。」

◆「用一般的價錢買一間極好的公司股票，而不是買一間價錢極好的一般公司。」

◆「我的投資有一個簡單的原則：旁人貪心的時候保持謹慎，旁人恐懼的時候我貪心。」也就是所謂的「別人恐懼我貪婪、別人貪婪我恐懼」。

◆ 「無論我們是在講襪子（socks）還是股票（stocks），我都喜歡用低價買到高品質商品。」

◆ 「每隔十年左右，經濟景氣就會被烏雲籠罩，然而不久後，市場就會短暫的降下黃金雨。」

◆ 「只用低於原本價值的金額買進。」

◆ 「絕不要只仰賴單一收入，用投資為自己創造第二收入。」

◆ 「風險來自對於自己投資行為的無知。」

◆ 「投資最重要的是認清你知道什麼，並學習你不知道的事物。」

◆ 「對投資人而言，最重要的特質是好脾氣，而不是聰明。」

◆ 「付出了金錢，你會得到價值。」

◆ 「無論你擁有多少天賦或付出多少努力，某些事物就是需要時間累積。」

◆ 「最好的投資就是自己，沒有任何事物可以與之相比。」

• •

🏯 **往好處想的練習**

　　如果我的股票賠錢了，請往好處想……

05
自我感覺良好之基金投資

» 往好處想宣言

最好的投資就是投資自己的腦袋，對於我不知道的事保持謙卑。

　　前面我們提到了股票，當然不能忘記的另一項投資工具就是「基金」。用喝的「雞精」也許像廣告詞說的能增強抵抗力，但是不做功課卻可能會讓你投資失利。

　　多年前鬧得沸沸揚揚的「連動債」事件，很多投資人根本就不知道連到哪裡又動到何方去，光是聽到理專說「保本、獲利高、風險低」就冒然投資，最後以落得血本無歸收場，不但賺不到錢，還吞了一肚子的氣。

　　回到主題談「基金」，以我個人的投資經驗來說，我從大學時代就開始買基金，投資時間大約十年，前後也賠了將近10 萬元。

　　話說 20 年前，大學生涯時我都把零用錢省了下來，一

個月可以存個 3、5000 元，於是乎聽人家説：「基金比較保守，定期定額存一定能獲利。」我當時心想，我可以把這筆錢拿來當結婚基金、育兒基金、退休基金……（我還想真多，才大學生而已）。

當時電視也都在説：「人不理財，財不理你。」於是我就到了銀行開戶，開始買了我的第一檔基金，當時還認為自己眼光好，第一次買就買海外基金，殊不知管理費跟手續費就占了好幾%，還沒賺就先付了錢。

每個月都扣款，想用定期定額來降低風險，這個想法是對的，但是我沒有考量到我的口袋深度，一年後，我沒有錢可以扣了，連續三次扣不到款就會停扣，於是乎一年後來看績效，獲利 5%，好像還不錯，於是我繼續放著。不料一年半後獲利剩下 2%，三年後變成負 5%，我只好趕緊賠錢出場。

原因是我口袋不夠深，也沒有設計停利，不過如果我寫一本《第一次買基金賠錢就上手》，銷量應該會不好，因為大家都喜歡看《如何快速賺到第一桶金》或是《從工程師到十八億身價的故事》這類的書。

出社會工作後，我仍然沒有忘記「人不理財、財不理你」這句話，我又想到買基金來存「結婚基金、育兒基金、退休基金」。當時的國際油價很高，每桶來到百元美金以上，市面上

又很流行什麼能源基金、綠能基金、新能源基金……等等的。我的自我感覺良好的壞習慣又來了，心想，既然油價這麼高，油礦又不會一直有，來投資新能源一定沒有錯。報紙都在報導能源危機，研發出替代能源的商機無限，銀行也都在推這些基金，看來這次的眼光應該是精準了。

好吧！上次的經驗是我口袋不夠深，現在我有在工作了，薪水拿個 3、5000 元出來投資應該沒問題了。聰明的我，自認不要找銀行理專，我這次直接上網下單，手續費比較便宜。

一年後，賠了 2％，第二年 5％，繼續扣沒關係，反正有定期定額分散風險，結果過幾年又賠了 10％。沒關係，繼續扣，我跟你拚了（其實是輸不起，怕贖回後帳上的損失受不了）。然而沒想到，我竟然遇到了投資生涯的第一個金融風暴，我心想，美國次級房貸跟我有什麼關係，根本八竿子打不著，管他的！

金融風暴後兩個月，我賠了 55％，我實在受不了了，於是決定不繼續扣款，就給它放著。一年後，我認賠 45％左右出場，賠了 10 萬元。

這下又可以寫一本《江山易改本性難移之基金賠錢記實》，想當然，也是不會賣得好。賣得好一定是《危機入場、獲利滿滿》、《金融風暴的一百個獲利術》這類的書，不過這

些書名都是我亂想的，千萬別真的去書局找，一定找不到。

　　既然我們要練習「凡事往好處想的遊戲」，我們就來想想，這場基金的賠錢經驗，帶給我什麼樣的正面思考。

　　第一、理財是對的，只是我的方法不對、觀念不對。

　　第二、自我感覺良好，沒有透過分析也是賠錢的主因。

　　第三、媒體上在推廣什麼理念，一定要三思。

　　第四、口袋不夠深不要冒然進場，一旦進場就要堅持兩件事，一是買進的理由消失了沒，二是參考第一點。

　　第五、一定要有停損、停利的觀念。

　　第六、基金不見得比股票風險小、不見得賠得少，當然也可能賺得多。

　　第七、如果不懂得這個產業的發展，那就不要投入。

　　第八、定期定額也要懂得分散風險，不能投入單一產業。

　　第九、單筆投資除非眼光好、功課做足才能投入。

　　第十、我的賠錢經驗可以讓我寫一篇文章，

　　這些經驗雖然是用 10 萬元換來的，很痛，不過至少這些錯誤的投資觀念，我已經改正過來了。不要問我要投資什麼，因為我沒資格也不是分析師，問問自己，做足功課了嗎？投資的目的是什麼？有能力承擔風險嗎？債券型、指數型、平衡

型、投資型，新興市場、亞洲市場分清楚了嗎？理財不是不能
做，而是要把每一分錢用心去規劃，讓它發揮最大的功效。

　　最好的理財就是當用則用、當省則省，而且能撥固定的
比例來做有益的事，尤其投資自己腦袋最好。我每個月都會捐
款助人，除了能幫助比我們更需要的人事物之外，心情也會相
對踏實。

　　關於投資，我還是喜歡巴菲特的方法：找到好的公司，用
合理或便宜的價格買進，長期持有，然後穩定的領取股利。

· ·

🏰 往好處想的練習

　　如果我遇到金融風暴了，請往好處想⋯⋯

06
非懂不可的財商教育

» 往好處想宣言

我永遠都看到機會，我的錢會為我工作。

「財商教育」也許是你一輩子都沒有聽過的名詞，這種教育學校沒有教，但卻是人生不可或缺的必要知識，怎麼說呢？請看這個例子。

王伯伯是一個工廠退休的員工，目前 60 歲，他的財務狀況如下：

退休金領了 330 萬元、房貸有 600 萬元、每個月的生活支出大約是 7000 元。王伯伯沒有接受過財商教育前的做法，大概跟一般人一樣。首先王伯伯把退休金 330 萬元全都拿去還掉房貸，於是房貸剩下 270 萬元。假設房貸利率為 2%，則王伯伯每個月大約要支出 4400 元的利息，加上每個月

7000 元的生活支出，就是 11400 元。

因此 60 歲的王伯伯無法休息，必須要再去找一份管理員的工作，以支付每個月的支出。但是王伯伯的房貸還是一直存在，加上王伯伯的年事已高，這樣的生活越來越辛苦，令人情何以堪。

這就是一般沒有接受過「財商教育」的做法，很多人腦袋裡的財務觀念就是「收入─支出＝儲蓄」，但是富人的做法卻是「收入─儲蓄─投資＝支出」，這是非常不一樣的。再者，一般人只會想到增加收入及減少支出，以因應接踵而來的金錢問題，其實還有一個選項是「延長負債」。

我們都只知道「理財」，但是財商教育包含「理錢」──管理好你的金錢以及「理債」──如何利用好的債務為您創造現金流，最後才是「理財」。當然，如果要談到更完整的財商教育，還要有會計、投資、市場認知與了解、法律……等層面的觀念。

在此也誠心推薦大家去看三本財商教育的書：

1. 《富爸爸，窮爸爸》（作者：羅伯特・清崎）
2. 《有錢人想的和你不一樣》（作者：哈福・艾克）
3. 《富爸爸，賺錢時刻：挑戰有錢人的不公平競爭優勢》（作者：羅伯特・清崎）

　　這三本書一定要去買來看，而且看的順序就是由上至下 1、2、3。

　　第一本書《富爸爸，窮爸爸》，能讓你知道何謂「E、S、B、I」四個象項，你現在身處在哪一個象限？該如何調整你的財務觀？是一本入門的好書，這本書已經暢銷很久了，如果你只有看一次是不夠的，請不斷不斷的複習，唯有如此才有辦法把對的財務觀念深植在你的潛意識裡。

　　第二本書《有錢人想的和你不一樣》，則是要你重新設定你腦袋裡對金錢的想法。大部分的人會覺得錢夠用就好，生不帶來死不帶去，話雖如此，但是「金錢不是萬能，沒有錢卻萬萬不能」，這也是我們現實必須面對的課題。

　　如果你沒有重新設定腦袋裡對金錢的觀念，你就不會有更多的錢來維持你的生活品質，你把宇宙要給你的推開，當然你就只能努力工作賺錢，辛苦過日子。

　　我們要知道，**選擇比努力更重要**，幸福比辛苦更令我們歡喜。更重要的是，書中會教我們將每一筆收入分成六等分來管理金錢，這樣的方式非常受用，請務必去看這本書。

　　第三本書《富爸爸，賺錢時刻》，這本書是在闡述一個金錢的遊戲規則，也是如何從 E、S 象限轉到 B、I 象限的一本啟蒙書。

有句話說得好:「不管你身處在哪一個世界,你一定要知道這個世界的遊戲規則。」

回到王伯伯的身上,既然有了財商教育,王伯伯的做法該是如何做呢?首先我們就是要延長負債,以 600 萬元的房貸、每個月以 2% 的利息來計算,就是每個月有 12000 元的利息支出。

再來,我們把王伯伯的退休金 330 萬元做一個投資,假設這筆投資年報酬率有 10%,一年就會多出 33 萬元的收入,扣除每年房貸支出 14.4 萬元,也就是除了可以還掉房貸利息,連本金也可以慢慢還清。

重點是房貸還清後,這筆 330 萬元的投資還是持續創造收入,而且王伯伯還是可以去找一份工作,維持基本的生活開銷,如果工作薪資為每個月 2 萬元,王伯伯等於做一個月可以支付約三個月的生活支出,這樣的結局是不是比剛剛好很多呢?這就是有沒有財商教育的差別。

再來看我自己的例子,我租了一輛新車,每個月必須從我的戶頭裡支出租金 2 萬元,另外租車押金將近 30 萬元,這個車子不但是我的負債,而且一綁還是三年。不但 30 萬的押金

完全無法運用，更讓我每個月不管有沒有開車都要付 2 萬元，還不包括油錢及保養等費用。

　　有了財商教育後的做法，應該是要把 30 萬元的本金去做一個好的投資，產生出來的「現金流」，再來做購車或是租車的費用。也就是說，我們永遠要記得一個觀念，如果會把你口袋的錢往外掏的就是「負債」，能把錢放入你口袋的才是「資產」。

　　沒有財商教育，你的生活會過得很辛苦，永遠都在為錢工作。往好處想就是現在知道都還來得及，就怕你「知而不行」而已。

　　以前賺錢只是為了「生存」，但是如今金錢有更高的意義，關於想要有錢有五個信念：

一、讓金錢不再是我這輩子的煩惱

　　有許多人這輩子為錢所苦，我要讓我的人生不再為金錢所煩惱，我的時間要拿來做更重要的事。多少家庭為錢失和、多少人生為錢奔波、多少人過不了錢關，我深深了解這樣的苦，因此，為何要有錢的第一個理由，就是不再讓金錢成為我的煩惱。把手放在胸口告訴自己，我來這個世界是因為我有很重要的事要完成。

二、享用金錢，讓金錢為我所用

金錢是一種價值交換的工具，我用金錢換取了我想要的東西，這些會轉換成感受。如果我用錢換了書，我就獲得了知識；如果我用錢去換了衣服，我就獲得了美好的體驗；如果我用金錢去換旅行，我就獲得了無價的回憶。金錢從來都不會變少，錢只會越換越多，因為金錢是為我所用。

三、擁有選擇的自由

這一生，我需要做許許多多的選擇，其中有些選擇必須基於金錢交換之上，當我擁有金錢時，我就擁有更多選擇。真正的自由，不是我想做什麼就可以做什麼，而是我不想做什麼時，可以不做什麼，而關鍵在於我擁有選擇的自由。

四、用有錢人的方式為世界做出貢獻

我活在一個充滿愛與溫暖的世界，有人會為我伸出援手，我也願意當這樣子的人，《當和尚遇上鑽石》作者麥可・格西說：「如果你是一個有愛心的人，你要首先幫助自己富有起來。」

哈福・艾克說：「用有錢人的方式幫助這個世界。」

德蕾莎修女說：「如果金錢不能變成幫助窮人的工具，那

就一文不值。」

　　給出你所有，即使這些永遠都不夠，依然給出所有。

五、榮耀自己的生命

　　金錢是一種結果，是你創造價值交換的結果，而這輩子你所做的事，是否幫助到了別人，對別人是很有價值的，看看結果就知道。最重要的是，你是否以自己所做的事為榮，成為一位有價值的人，對世界做出最大的貢獻。當你活出你的百分之百，你就會彰顯榮耀你此生的生命。

往好處想的練習

　　如果我現在有負債，請往好處想……

07
花若盛開蝴蝶自來，人若精彩天自安排

» 往好處想宣言

人生沒有什麼好的想法，也沒有什麼是壞的想法，只有你的想法，你的思維就決定了你的人生。你說你是有自信的，你就會活出有自信的人生，你說你是沒有自信的，你也就會活出沒有自信的人生。說穿了，宇宙不會判斷對錯，它只是按照你大腦裡的思維、想法，然後讓你活成你現在的樣子。

　　有學生問我：「為何我總是這樣努力，但仍然得不到我想要得到的結果？」

　　我：「因為你內心匱乏，你的內在世界會創造你的外在世界。」

　　跟你說個網路流傳的故事：

　　人生不該是用「追求」的，而是用「吸引」的。有一個人非常喜歡蝴蝶，然後他就去買了一個網子，把每一隻美麗的蝴蝶都抓回去關在籠子裡，但是蝴蝶只要一找到空隙，這些美麗

的蝴蝶就會飛走。這個就是「追求」。

　　另外一個人也是很喜歡蝴蝶，而他在陽臺布置了許多美麗的花朵、盆栽，這些蝴蝶因為要吸花蜜，自然而然的全都飛來花朵旁，而且蝴蝶們都滿心歡喜、輕舞飛揚。這就是「吸引」。

　　「花若盛開，**蝴蝶自來**。」

　　「人若精彩，天自安排。」

　　看完這個故事，和大家分享我的三個啟發。

一、要輕易豐盛前，你必須要先知道你要什麼？

　　就像故事中的人想得到美麗的蝴蝶，你也許想要得到「更多的財富」或是「一個工作機會」。

二、去探尋，要得到這樣的結果，需要什麼因緣

　　蝴蝶喜歡吸蜜，我就創造一個有蜜的環境。而財富就是價值，你必須讓你自己成為一位有價值的人；工作機會代表的是你要能為人們解決問題，因此你必須完善自己，然後成為這樣的人。關鍵在於「成為」，讓自己成為創造有花蜜環境的人、成為一位有價值的人、成為一位解決問題的人。

三、需要時間、因緣成熟

　　一顆種子種下後，除了需要時間，還需要細心灌溉、種植在對的土壤裡、需陽光、空氣、水……等，而等到一切成熟後，結果自然到來。

　　我們生命當中所有的「想要」都是一種匱乏感在作用，如果你不缺，怎麼會想要？一個豐盛的人，是不會要的，而是「給予」。所以要對治匱乏感，就是從「要」改成「給」。

　　我知道你又會問：「我就是沒有，如何給予？」

　　其實，你我早就已擁有所有一切了，當我們來到這個世界時，你就是豐盛的。有一段話說：當你沒有錢的時候，把時間「給」出去，你就會有錢，這叫做「**天道酬勤**」；當你有錢的時候，把錢「給」出去，你就會有人，這叫「**輕財聚人**」；當你有人的時候，把愛「給」出去，事業就來了，這叫做「**厚德載物**」；當你事業成功的時候，把智慧「給」出去，喜悅就來了，這叫做「**德行天下**」。

　　把想要改成給予，你就能創造任何你想擁有的。「給予」這兩個字真的是太重要了，付出者收穫，給予者獲得。給予就是在種種子，種子法則說：「凡是你此生得到的，皆來自於給予。」唯有你開始給，你才會豐盛起來。

如果你不想從客戶身上要更多錢，而是給予客戶真正需要的協助；如果你不是想從老闆身上要更多薪水，而是給予老闆看見績效，讓老闆知道，請到你是物超所值的；如果你不是想要把東西賣出去，而是給予他們真正的價值，你會發現，所有的一切都不一樣。

同樣的，你可以把給予，給你的另一半，以前，你可能會要你的另一半做家事，但現在如果你給予另一半休息和舒服的空間，所有的家事都由你承擔起來，如果你以前都要你的另一半給你愛與關心，但現在從你開始，先給予愛跟關心，你會發現你的人生，完全不一樣了。

你想要什麼，就先去給予什麼。

- -

往好處想的練習

如果我沒有得到我想要的，請往好處想……

⓾8
金錢的匱乏感

» 凡事往好處想宣言

金錢為我所用，錢從來都不會變少，我會越花越有錢。

　　有一位科技新貴，每次跟太太還有小孩去吃迴轉壽司時，遇到 60 元一盤的壽司都會自動跳過去。當小孩伸手去拿的時候，爸爸突然說：「別拿那個，太貴了！」老婆去拿的時候他也說：「那個不划算，我們吃不起！」

　　就這樣，在迴轉壽司店一次又一次的感受到匱乏感，幾次不愉快的經驗後，老婆受不了，跟他起了爭執。老婆說：「我們又不是吃不起，以我們兩個人現在的收入，這點錢根本不算什麼，偶而對自己好一點有何不可，你為何每次都這樣？」

　　是呀！的確他們是吃得起的，就算那一天全家都拿 60 元的壽司，當晚以吃了三十盤來計算，其實那一餐也不到 2000

元。以他們現在的收入來看，完全是吃得起的。但是這位科技新貴為何會有這樣的金錢匱乏感呢？

那是因為從小到大，在他的生活環境裡，父母、長輩及周遭的環境教育，都讓他一次又一次的種下匱乏感。小時候因為家境貧窮，每次要買東西都會聽到父母說：「那個太貴了！」、「我們買不起。」、「我們沒有那個錢。」

而這樣的匱乏的種子，就在我們無意識的時候，一次又一次種在了我們的心田，也就是大腦的潛意識中。這些種子會一天一天的長大，一次又一次的重複在你的人生中。

心理學家榮格有一句經典名言：「**倘若你無法意識到無意識的存在，你就會稱它為『命運』。**」

如果你不了解，這就是匱乏的種子在運作，然後有意識的拔除，你的生活就算賺了很多錢，你的內在依然是感受不到豐盛和富足。因此，我們要怎麼把匱乏的種子改變成為豐盛的種子呢？

第一，你必須知道，匱乏的種子不是真實的，它只是在小時候「無意識」的種下。

第二，開始有意識的改變，改變有三個地方，身、語、意。你可以有意識的走進一間高級餐廳，那是你一直想走進去、但一直害怕吃不起的店（真相是你其實吃得起），然後在

語言的部分要常常說：「我是一個富足的人，我值得擁有一切的美好。」

最重要的是「意」，也就是思維，過去我們認為這些都是花費，也就是付出去錢就會減少。事實上，金錢從來都沒有減少，它只是轉換成物質及感受，繼續陪伴著你。如果你今天拿金錢去交換食物，你的金錢就轉換成能量及感受；如果你今天拿金錢去交換衣服，你的金錢就轉換成美好的樣貌；如果你今天拿金錢去學習，你的金錢就轉換成智慧。

有個笑話說，如果你給猴子香蕉跟金錢，猴子會選香蕉，因為猴子不知道金錢會換來千千萬萬的香蕉；而如果你給人智慧跟金錢，人們會選金錢，因為人們不知道智慧會換來千千萬萬的金錢。

第三，如果你了解宇宙的運作法則，其實每一次你在給予別人金錢的時候，你都在種下金錢種子。如果你把錢給了餐廳，餐廳的生意就會因為你的幫助，而生意更好，他們會拿去研發更好的菜色，老闆會照顧好他們的員工、會更用心的經營。你的金錢，完全在成就別人的事業。

如果你把錢拿去繳手機電話費，你就是在成就電信公司，他們會去蓋更多基礎設施，把通話和網路品質做得更好。如果你把錢付給計程車司機，司機會得到你的幫助，他會去養育他

的家人和小孩。

　　下次當你在花錢的時候，記得在大腦思維裡清楚的知道，你是在幫助別人，你交換了價值、擁有美好的感受，同時在種金錢種子，金錢並沒有因此而變少。

　　透過這三個步驟，你就能從匱乏到豐盛，這一步很短也很長，你必須自己踏出去。

往好處想的練習

　　如果我感覺到金錢減少了，請往好處想……

往好處想的「生活」觀

生活才是人生的正職，其它都是兼職，

如果你現在不花時間過你想過的生活，

那你就會被迫花時間過你不想過的生活。

⓿❾
當自己與別人生命中的貴人

» 往好處想宣言

誰讓你難過、誰讓你痛苦，又或是誰背叛了你、傷害了你，當你
把主控權交給別人時，你就成了受害者的角色，你可以把掌控的
鑰匙拿回來，你是一切的根源，沒有人能傷害你，除非你願意。
痛苦也許無法避免，但受苦是你的選擇。

　　你的生命中常想著要遇到貴人嗎？我想大多數的答案應
該是：「沒錯，我很需要貴人！」不過反過來想，如果你常當
別人的貴人，別人通常也會在你需要幫助的時候拉你一把。在
我的職場生涯中，有三個故事值得與你分享：

　　在營業員的職場生涯中，某天從外面回公司，看到同事張
大哥一臉緊張的在外面汽車停車位左翻右找，好像遺失了什麼
東西。我趨前一問才知道，原來張大哥的汽車鑰匙掉了，我趕
緊把包包放下，陪著他在外面找。

　　一會兒有同事回來了，問了我們一下後隨口就說：「這麼不小心，可能掉到水溝裡了！」然後轉頭就離開了，只有我還有一個女同事陪了張大哥找了半個多小時，真的連水溝蓋都翻起來找，最後我在他的汽車座位上找到了鑰匙，結束了這一場失而復得的尋鑰記。後來張大哥很感謝我，買了飲料要請我喝，從此之後，他在公司裡非常照顧我這個新人。

　　第二次也是發生在職場中，某天中午，大家都去用餐了，看到同事小雅在機車陣中走來走去。我又跑去問了一下：「怎麼了，忘了機車放哪了嗎？」

　　小雅：「對呀！我記得早上是放在這個位置的呀！怎麼不見了？」

　　我：「該不會被移到旁邊的位置了吧？」

　　小雅：「有可能，我再找找看，謝謝你了。」

　　我心想，如果是我找不到車，應該也會很著急，於是我接著問：「車號多少，我幫你一起找。」

　　小雅：「不好意思麻煩你，中午時間大家都去用餐了，不好意思。」

　　我：「沒關係，我還不餓！」

　　於是我們在停車場繞了兩、三圈後都找不著，確定車子

被偷走了，我趕緊請她先報警，然後向警衛調監視器來看。後來警衛表示，需要等警察來，到警局做筆錄後才能調監視器。這個期間有三位同事走過，問了一下都只說聲「是喔！」然後就走了。

我接著載小雅到警局做筆錄，然後打電話告訴她主管事情的經過。雖然後來機車還是沒有找到，但是我想小雅當下至少覺得有人幫忙是很溫暖的一件事。

第三個故事，則是有一次和公司同事出遊，到了屏東的霧臺鄉，當天入山時天氣都還很好，怎知道下午兩點開始，忽然下起了傾盆大雨。我的車經過了一處落石處，「喀隆！」一聲，我毫不在意的繼續往前開。約莫五分鐘後，車子的溫度一直飆上來，直到車子開始冒煙了我才停了下來。同事們也都趕緊下車，打著雨傘前來看看。

找不到原因的大家，只好叫我打電話請拖吊車來。不過別忘了，這裡可是深山地區，有拖吊車要來嗎？就算有，價格應該也貴得嚇人吧！就在此刻，突然有一輛四輪傳動車停在我車子後面，一位原住民朋友走了下來。

原：「車子壞了？」

我：「是呀！溫度一直上升。」

原：「我看看！」身手矯捷的他，一下就鑽到車底去了。

原：「水箱管子破掉了，再開下去車子就報廢了。」

我：「你怎麼那麼厲害，一看就知道。」

原：「我在山下專門修車的。」

我心想真是太幸運了，遇到了救星，不然車子怎麼從深山開回去。

原：「我看看，你這個應該還可以先勉強接上，然後趕緊開回去修車廠。」

我：「好呀！那就麻煩你了。」

原：「沒問題！」

不到五分鐘，他就把管子接上，並且幫我的水箱加滿水，這下車子又可以正常開了。儘管他堅持不收錢，然而公司主管還是硬塞了一些錢謝謝他的協助。

主管說：「可能是平常你都有在做善事，才會在深山裡也遇得到貴人。」

我笑著：「是呀！真幸運！」

原：「我留個電話給你，然後我等一下開在你後面，如果有問題再找我。」

我：「謝謝，你真是一個好人！」

原：「如果你覺得我是一位好人，那請你們以後有原住民

到你們家傳福音時，別急著拒絕，聽聽吧！」

我：「沒問題！」

此時我們一行人也沒遊興了，於是趕緊下山去了。

這件事過了一年左右，八八風災重創了屏東縣霧臺鄉，我想起了這位原住民朋友，趕緊撥了通電話前去關心。

我：「我是之前在山上受你幫助的先生，看到新聞說霧臺受創嚴重，想關心一下你們那邊還好嗎？」

原：「山上的家都沒了，家人都有搭直升機先下山了，不過有親戚發生了不幸。」

我：「真替你們感到難過，不過也要給你們祝福。如果有什麼我幫得上忙的請告訴我，我一定盡可能的協助。」

原：「謝謝！這裡現在有政府及慈濟在幫忙，衣食無虞。」

我：「好，那就保重了！」

這三件事當中，前兩件是我當人家的貴人，另一件是別人成為我的貴人。其實在生活中，這都不是什麼大不了的事，但是在別人需要的時候，你適時伸出了一把手，比什麼都來得好，畢竟雪中送炭遠比錦上添花來得令人感恩。助人其實不用花錢，有時只要一句好話鼓勵、一個故事分享或是一個簡單的

問候，都能讓人有激勵的效果。

　　在嚴長壽總裁的《做自己與別人生命中的天使》一書中，有一段話寫入我心：「生命中隨時都有讓人感動掉淚的事，他們像是上天一不小心失手墜下的星子。有時我會覺得為什麼不多做一點？多付出一點？也許你伸出一隻手，也許只是輕輕一扶，重新讓他們站上天空，這根本不是了不起的事，但你卻得到了整片星空。」

- -

往好處想的練習

　　發現了自己的車子遺失了，請往好處想……

在某一年風災後，我創作了一首歌：

站起來就會永遠有夢

詞／曲：林達宏

風來了 雨來了 我們的家你無情的撕破

水來了 心也跟著碎了 為什麼大地會出現裂縫

是我們曾經愛你不夠多 如今也不再保護我

是我們對你要求太多你承受不起 也只好放手

天晴了 鳥來了我們的心慢慢開朗了

揮揮手 我還有夢 勇敢的面對天空

我知道你還是會保護我 只要我不對你要求太多

我知道雨天過後總有彩虹 站起就會永遠有夢

我知道你還是會保護我 只要我不對你要求太多

我知道雨天過後總有彩虹 站起就會永遠有夢

站起就會永遠有夢

❿ 選擇結好緣還是留下惡緣？

» 往好處想宣言

越大的困難，越大的禮物，越大的榮耀！我活得比我的困難還要巨大，今天讓我難過的事，總有一天我會笑著說出來。

　　在業務領域工作十年了，業務最常面對的就是「人」，每天在外面遇見各種形形色色的人，如果沒有八面玲瓏，還真的很難勝任業務的工作。既然如此，與客戶的人際關係就顯得相當重要，客戶會跟你買東西，最重要的就是信任你這個人。有時儘管你的產品再好，如果客戶對你沒有好感，他寧可找別人買，所以結好緣是一件很重要的事。

　　記得有一回，我打了通電話給一位學校老師，為他介紹我們公司的軟體，在電話中我跟老師說：「老師如果可以的話，我會安排時間到貴校去作展示，如果覺得不錯，也可以先試用。」

　　老師也回答：「好！我們再另外約時間。」於是就掛上了電話。隔了數天，我再次去電要向老師約時間。

　　我：「老師，還記得我嗎？」

　　老師：「嗯，記得。」

　　我：「上次有跟老師提過我們的產品，也有提到要約時間過去介紹及試用，不知道老師何時方便？」

　　此時，老師突然很生氣的說：「你怎麼可以亂講話，我什麼時候說要用你們的產品，你這種會亂說話的業務，我們怎麼敢跟你接洽！」接著就是一陣「嘟嘟嘟」的聲音，以及留下一陣錯愕的我。

　　我當下心情是有被影響的，也深覺這個老師很奇怪，明明之前有答應，為什麼幾天後全盤否認，而且態度一百八十度大轉變？我想，很多人遇到這樣的狀況時，大概就是覺得沒有這個客戶也沒差，幹嘛要受你的氣。但是我想到，如果因為一通電話就結下惡緣，這輩子沒了，下輩子要再來一次。我越想越不對，心想一定要把這場誤會化解掉。於是我又拿起了電話，撥了過去。

　　我：「老師，不好意思，是我。剛才電話可能有一些誤會，我想跟老師說明一下。」

　　老師：「嗯！」

我：「我想，我不是一個會亂說話的人，上次在電話中，老師確實有答應要讓我過去簡介，如果看了滿意也可以試用產品，我沒有一定要做老師的生意，但是誤會一定要說清楚，希望老師能了解。」

老師：「沒事啦！是我反應比較激烈，這個案子我們已經有廠商要做了，所以不好意思，沒有辦法跟你們配合。」

我：「沒關係，我會再打這通電話不是為了生意，而是想跟老師解釋，我不是會亂說話的人，謝謝老師給我機會說明。」

老師：「嗯，我也是有誤會，希望你不要見怪。」

就這樣，在這一通電話後，我的心情放鬆了許多。你看，連沒見到面的人都能如此，更何況是每天遇見的人呢？所以一定要更加謹言慎行，才不會結了惡緣卻不自知。人生不能盡如人意，但求無愧己心，這是我的原則。

曾有個朋友告訴我：「只要車子與人碰撞，我一定下車跟人家道歉，他要賠償我就賠給他，寧願這輩子的惡緣在這輩子化解掉。」國外有一項調查指出，每個人一生大約會接觸到二千多人（叫得出名字的），其實這個數量跟地球上的總人口數比起來一點都不多，所以我們更應該珍惜彼此，好好的互相學習、成長、扶持，我想這才是一個美好人生的最佳寫照。

　　網路上流傳的四句話，我一直記在心上，如果你也懂得這樣想，你就成長了。

◆ 無論你遇見誰，他都是在你生命中該出現的。
◆ 無論發生什麼事，那都是唯一會發生的事。
◆ 不管事情開始於哪個時刻，都是對的時刻。
◆ 已經結束的，已經結束了。

　　但願這四句話，也能帶給你一些啟示，就像聖嚴法師說的「四它」一樣有用：面對它、接受它、處理它、放下它。

. . . .

🏰 往好處想的練習
　　如果有人誤會你，請往好處想……

11
你不是你的想法

» 凡事往好處想宣言

我不是我腦袋的想法，我只是擁有想法，我比我的想法還巨大！

人類的大腦每天產生多少念頭，各方猜測不一而足。有人聲稱我們每天有六萬個單一念頭，而狄帕克・喬布拉（Deepak Chopra）等靈性導師斷言這個數字接近八萬。不管我們每天有幾萬個念頭，其中 90％是反覆的，80％是負面的。

每次課程我都會問學生：「你是你腦袋的想法嗎？如果我的腦袋想法是『我等一下要吃水餃』，下一個想法是『我等一下要吃便當』，請問哪一個想法是我？」

這個時候同學都會回答：「都是！」

我這時會笑著說：「如果都是，你就會精神錯亂，你到底是要吃水餃還是便當？也許最後你有可能吃披薩。因此，什麼才是『真正的你的想法』？」

　　我常在課室內大喊：「選一個，選一個，選一個！」

　　我要大喊到人們的潛意識可以聽到，然後以後的人生可以做出「選一個滋養生命的想法」。

　　我們腦袋裡的想法每天有成千上萬個，這些想法就像是高鐵列車，一輛又一輛的經過你面前，但是選擇要上哪一輛車的人是你，你所選擇的那輛車，才真正是你的「想法」。

　　再舉個例子。

　　你有一個想法是：「我喜歡我媽媽。」

　　下一個想法是：「我討厭我媽媽。（有時腦袋裡就會閃過一個想法或念頭。）」

　　請問，哪一個想法是你？答案還是「選一個」。

　　如果你選擇討厭媽媽，你就會活出討厭媽媽的樣子，隨時都覺得媽媽很煩、很嘮叨；而如果你選擇喜歡媽媽，你也會活出喜歡媽媽的樣子，隨時覺得媽媽都在關心我、常煮我喜歡吃的給我吃。不管你選擇哪一個想法，你都是對的，宇宙的運作方式，就是你怎麼看、你怎麼想，宇宙就怎麼呈現。

　　再分享一個例子。

　　曾經有個女孩愛上了一個男孩，但這個男孩卻要跟她分手。

　　她有一個想法：「一定是我不夠好，他才要跟我分手，我

是一個不及格的女朋友，我太難過了，我不想活了！」

另一個想法是：「跟我分手、離開我是你的損失，今日你對我愛理不理，明天我就讓你高攀不起，如果我沒有遇到好的對象，那就表示我值得更好的。」

請問，哪一個想法是你？選一個！選一個！選一個！

最後，再測一次。

我腦袋裡想：「我不可能會成功，我又沒有出生在有錢人家裡，我什麼都不會，這輩子就這樣了。」

下一個想法是：「只要別人可以，我也一定可以，我有一顆有錢人的腦袋，如果我不能，我就一定要，如果一定要，我就一定能。」

哪一個想法是你？這一次，我相信你很清楚了，請你跟我一起大聲喊：「選一個。」

看到這裡，我要恭喜你，你已然知道腦袋的運作方式，未來記得，你比你的想法還巨大，你所選的那個想法就是你！

• •

▓ 往好處想的練習

如果我失戀了，請往好處想……

❶❷
成為覺醒戰士

» 往好處想宣言

知道生命很多事情有時候很難，但不要問難不難，問自己該不該
做！把手放在心口說：「我比我的困難還要巨大。」

　　什麼是「覺醒戰士」？覺醒戰士就是一位能戰勝自己的
人。有多少人想要改善生活、改善收入、改善健康、改善職
業，想改善一切一切，但最終卻什麼也沒做成，原因不外乎我
們擁有了太多藉口，我們總是想得太多、做得太少。所以古人
才會有一句話：「說得千里路，不如走一步。」

　　接著我們來談談什麼是「藉口」，也有人稱作是「小
聲音」或是「腦袋裡的惡魔」。不管是什麼稱呼，只要是腦
袋裡出現不支持我們想做的想法，都是屬於以上範疇。舉個
例來說：

　　小光是一個體重超過一百公斤的男生，因為體重過重，

所以年紀輕輕不到 30 歲，健康檢查時紅字一堆，高血壓、脂肪肝、高尿酸，連帶膽固醇也高。醫生告訴小光：「你再不運動的話，身體的狀況會每況越下。」於是小光就下了個決定：「我每天要運動三十分鐘，恢復我的健康。」

小光下定決心後，隔天早上一起床，腦袋裡的聲音馬上浮現：「今天好累哦！算了，明天再開始好了，反正不差這一天，先睡飽再說。」所以當天小光並沒有起床運動。

到了晚上，小光覺得很懊悔，心裡想著：「明天早上一定要起床運動。」不巧隔天寒流報到，鬧鐘大聲作響時，小光的腦海裡又浮現：「今天有寒流，天氣這麼冷，我看還是明天再開始好了。」於是後面的故事大家都知道了，這就是我們最常出現的藉口。

讓我們再來看一個例子。

小玫是個出社會三年的朝九晚五上班族，每天做著行政工作，已經感到相當乏味了，心裡很想進修英文，準備要跳到另一個更好的職場位置，於是小玫也在心裡下定了決心：「我一年後英文要聽說自如，多益要超過 600 分。」

有了決心後的小玫開始找補習班，也開始把所有的廣播、電視都設定為英文頻道，連網頁也是。不過好景不常，實行過了一週後，小玫腦袋裡總會浮現：「好難喔！我都學不會，下

次再學好了，反正沒學好也會有工作，看英文的介面好不習
慣。」這些藉口一直不斷不斷的侵襲著小玫的心。最後小玫放
棄了學英文這件事，一樣做著她不喜歡的行政工作。

　　這樣的例子，每天都發生在我們身上或是周遭親人朋友身
上，你試著回想一下，一天有多少的想法在我們腦袋裡出現，
要我們做出選擇。

　　關於我們腦袋裡會出現的「小聲音」，是有原因的，
請記住我們腦袋裡為什麼會有這樣的想法，主要是因為這四
個關鍵：

一、基於保護我們，讓我們留在舒適圈

　　所謂的舒適圈，就是我們早已熟悉的環境、技能、心態、
習慣等，以小玫的例子來看，「中文」是小玫的舒適圈，「英
文」不是，所以腦袋裡會出現不支持的聲音；以小光的例子來
看，舒適圈就是晚睡晚起、賴床、沒有節制的飲食、沒有把健
康這件事看得嚴肅……等等，所以要早起運動對小光而言，就
是一件非常難突破舒適圈的事。

　　而《有錢人想的和你不一樣》作者哈福・艾克說：「如果
你要創造出不一樣的生命，讓人生過得更好，你必須突破，擴
大自己的舒適圈。」

二、從孩提時代我們長輩給我們的觀念

　　還記得小時候，長輩會告訴我們：「不能用手指指月亮，會被割耳朵。」、「吃飯不能留飯粒，不然以後另一半會是麻花臉。」、「好好用功讀書，以後找一份好工作，穩定生活就好。」之類的話，姑且不論對錯，但是這些想法確實會影響我們的思維。如果你非常想要創業來闖一番事業，此時你的腦海裡可能就會浮現：「以後找一份好工作、穩定生活就好。」、「創業的風險太大。」、「我們沒有那種當老闆的命。」這些阻礙你行動的聲音，將如影隨形一樣影響著你。

三、周遭朋友、同事、環境的影響

　　很多人一定有這樣的經驗，每當你有一個非常棒的 IDEA 出現，想和你的朋友、同事分享時，他們常會潑你冷水說：「別做白日夢了！趕緊工作比較實在。」當你鼓起勇氣決定要節食減肥時，他們總會說：「這一餐吃完再減，沒差這一餐啦！」而當你想換一種有挑戰的工作時，有些人可能會說：「不要好高騖遠，過了這個山就沒那個店，你還是留在這裡吧！免得離開了回不來。」等等的，於是你除了有自己腦袋裡的小聲音外，還有周遭朋友、同事、環境的小聲音。

四、那不是真正的你

最後一個最重要的關鍵「那不是真正的你」，為什麼這麼說呢？我們以為所有腦袋裡出現的想法都是我自己，事實上並不是，我們應該要清楚，什麼是支持我們的想法，什麼是不支持我們的想法，如何判斷呢？

首先你要很清楚，運動、學英文就是一定要做的事，只要腦海裡出現不同的聲音，要你不去做這件事時，那就是不支持你的小聲音。當有不支持的小聲音出現時，不要全然的相信它，而你只要告訴它：「謝謝你的分享。」然後就起床運動，或起身學英文去，就這麼簡單。

你也可以創造自我激勵的語言，當小聲音出現時，就以自我激勵的語言來突破障礙。以下是我的個人範例：

1. 我是一位戰士，我比任何阻礙還要大。
2. 只要我想做的事，我一定要完成。
3. 沒有什麼可以阻擋我去完成夢想。
4. 放馬過來吧！我不會怕你的。
5. 你影響不了我的，哈哈哈！
6. 我就是要做我自己。
7. 做就對了。

8. 謝謝你的分享，我只是做我想做的事。

9. 我充滿熱情，我一定要成功。

10. Stop stop!

　　所以每個人都可以「選擇」自己真正內心想做的事，不是所有的事都一樣的標準，而是當你真正下定決心，要去做對你有幫助的事時，再也沒有任何阻礙能擋住你，因此每個人都必須要成為「覺醒戰士」，做一位戰勝自己的人。

・・・・・・・・・・・・・・・・・・・・・・・・・・・・・・・・・・・・・・

往好處想的練習

如果我覺得自己做不到、能力不足的時候，請往好處想⋯⋯

⓵⓷
專注在生命中的美好

» 往好處想宣言

> 我向上天祈求給我能力，上天卻給我許多的挑戰，當我歷經了這些挑戰，卻發現自己擁有了能力。

　　你覺得生活不如意嗎？覺得別人怎麼都很幸福、很快樂，為什麼好運都不會輪到我？為什麼老天爺這麼不公平？為什麼我出生在貧窮的家庭？為什麼？為什麼？

　　你知道嗎？我出身在非常貧窮的家庭，讀過放牛班，聯考重考，當兵又抽到大家都不想抽到的海軍陸戰隊，退伍三個月找不到工作，失業一年，還被醫生診斷為憂鬱及躁鬱患者⋯⋯

　　為什麼我現在可以如此的快樂、美好？答案是因為我專注在美好的事物上。

　　我出身貧窮，但我專注在我有家人滿滿的愛。

　　我讀放牛班，但我專注在過得很開心，沒有壓力。

我聯考重考，但我專注在我有一年時間可以好好休息。

我抽到海陸，但我專注在我可以在軍中練就一身跆拳技能，當兵期間甚至去了七個國家。

我找不到工作，但我專注在我沒有得到好的，表示我值得更好的。

我十年前失業，但我專注在老天一定要給我一個大的禮物。

我的生命，跟你沒有不同，只有「專注」不同。你試想你的生活周遭，有些朋友沒有比你更富有、沒有比你更帥、更美、收入沒有你多、沒有你所有擁有的，但是他卻比你快樂，你有發現嗎？

是的，答案就在「專注」，你專注在你「擁有的」還是你「缺少的」？

全球知名激勵大師力克‧胡哲，一出生就沒有雙手雙腳，然而他卻說：「我的人生好到不像話！」你看懂了差別了嗎？因為他專注在他還擁有的。

「抱怨」你的人生就開始失去了，「感恩」才會讓你獲得滿足的人生。

想想我們的人生實在太美好了，我們有健康的身體、我還有呼吸、有愛我們的人、有食物可以吃、我眼睛看得到美麗的

風景，可以感受到愛。

有一段話，你可能不是第一次聽了，但是我覺得很受用：

你不能改變天氣，但是你可以改變心情。

你不能決定生命的長度，但是你可以控制它的寬度。

你不能改變容貌，但是你可以展現笑容。

你不能控制他人，但是你可以掌握自己。

你不能預知明天，但是你可以利用今天。

你不能樣樣勝利，但是你可以事事盡力。

有人問我：「老師，你的人生沒有遇到挫折嗎？」

我：「當然有，而且比你知道的多更多！」

每個人的人生都會有挫折、低潮、失望等負面的能量，而取決你人生的快樂，就在你是否專注在「美好」。

世界知名激勵大師安東尼・羅賓說：「你專注在哪裡，生命就在哪裡。」

你專注在你可以掌握的，還是你無法掌握的？

你專注在「感恩」還是「抱怨」？

你專注在「目標」還是「問題」？

你專注在「未來」還是「過去」？

你專注在「你想要的」還是「你不想要的」？

如果你的選擇是後者，那麼你的人生就會過得很痛苦。

看到這裡，你有感恩嗎？還是依然抱怨，覺得我只是比你好運？我相信你一定是感恩的，能看到這篇文章，基本上你就是一個幸福的人，因為你有眼睛可以看見，光是這件事就令我感恩不已。

　　生命沒有完美，但有滿足；生命沒有最好，但有更好。現在起，就用感恩代替期待，在每天找到感恩，你只要記得專注的事會擴大，然後專注在你生活中的美好，相信我，你的人生會很幸福。你的生活就會越來越快樂，相信我！

▪ 往好處想的練習

　　如果我生活不如意，請往好處想……

⓮
把無能為力，改為我盡力了

»往好處想宣言

在能力所及盡力而為，能力不及不要為難自己，盡力就是一百
分，如果事與願違，代表上天另有安排。

　　有學生跟我說，他家人生病，他覺得很無能為力，很難
過。還有他現在的公司經營也遇到狀況，他也同樣覺得很無能
為力，很難過。

　　我問他：「你是神嗎？」

　　他：「當然不是啊！」

　　我：「那你是人嗎？」

　　他：「是啊！」

　　我：「你有盡力照顧家人跟公司嗎？」

　　他：「有啊！我盡力了。」

　　我：「你願意原諒並接受自己已經盡力了，然後繼續前

進嗎？」

　　身為是人，就會有無能為力的時候。這世界有三種事，自己的事、別人的事和老天爺的事。人之所以有煩惱，就是忘了自己的事，愛管別人的事，擔心老天爺的事。殊不知自己的事擺脫不了，別人的事管不了，老天爺的事操心也沒用。但是人總是逆勢操作，才會煩惱不斷。你只需要做好自己的事，老天爺的事你管不了，別人的事與你無關。

　　家人生病，就把身體交給專業的醫療團隊，心裡交給菩薩、上帝，我們所能做的就是盡力陪伴。生也有時，死也有時，用祝福的心取代擔心。公司經營不順，此時正適合靜下心來學習，等待再出發的時候，蹲下來是為了能跳更高。

　　有句激勵的話說：「當你的才華還撐不起你的野心時，你就應該靜下心來學習；當你的能力還駕馭不了你的目標時，就應該沉下心來歷練。夢想不是浮躁，而是沉澱和積累，只有拚出來的美麗，沒有等出來的輝煌。」

　　這樣就是盡力了。

　　每個事件都是最好的安排，只要盡力了，就是最好的愛，既然你已經盡力而為，那就放下吧！不管結果有多壞，不要跟自己過不去，結果不是只有盡力就能達到你想要的目標，還有外在各式各樣的因素，也會影響結果的產生。

　　有福德的人當然在盡力後能得到上天的眷顧，所以達成目標了，但結果不如意的人到處皆是。厚德方能載物，德以配位，你不需要苛責自己，也不需要跟自己過不去，只要你曾盡力那就可以了。

　　你願意原諒並接受自己已經盡力了，然後繼續前進嗎？不要苛責自己，好嗎？我為你加油！

● ●

🏰 往好處想的練習

　　如果我或家人生病了，請往好處想……

⓵⑤
從一無所有到一無所缺

» 凡事往好處想宣言

我本具足一切豐盛，我出生的那一刻就已經是具足的，我值得一切的美好。

有個很窮的人到醫院看診，他向護理師抱怨：「我什麼都沒有了，老婆跑了、錢沒了、工作也被辭退了，我真正的一無所有了……」

護理師：「先生，別這麼說，你不是還有『病』嗎？」

這雖然是個網路笑話，卻也不無道理。人常常專注在那些我們沒有的，而不是專注在那些我還有的。

人生沒有所有權，只有使用權，我們來到這個世界一趟，只能短暫的使用，不論是金錢、工作、事業、家人、朋友，任何事都一樣。生命的一切都有著「生起滅去」共通特性，痛苦不會長久，快樂也不會。

如果有件事還令你煩惱、痛苦不已，代表你還有執著。不執著容易嗎？當然不容易，因為我們都是凡夫，會反反覆覆的執著，但一次比一次進步、出離。什麼是出離，出離就是不再執著過去執著的事物。

例如一位貴婦請了一位打掃的幫傭，這位貴婦總是看不慣幫傭每次掃地的方式，覺得她笨手笨腳的，她也常常為此而生氣。這位貴婦可以怎麼做呢？此時她有兩個選項，換一個幫傭，或是不再執著每個人都要用她的標準掃地，尊重每一個人有自己打掃方式。

如果選擇換一個幫傭，新來的幫傭可能可以符合貴婦的掃地方式，但是洗碗、拖地、洗衣服等家事，可能又跟貴婦的標準不同了。因此我們可以知道，不再執著每個人都要用她的標準掃地，尊重每一個人有自己打掃方式，才是最實在的方法，這就是出離自己的執著了。

從這個觀點來看，我們每一個人，都有許多的執著需要練習出離。等到練就同一件事不再困擾你了，你再也不會煩惱了，那就表示你前進一步了，這就是「**藉事練心**」，就是要修練這顆紛亂的心，心中無缺即是富，被人需要即是貴。

我突然想起佛陀在菩提樹下覺悟時所説的第一句話：「眾生皆有如來智慧德相，只因妄想、執著不能證得。」

如何從一無所有到一無所缺，就是修練自己斷除妄想、放下執著。

‧‧

往好處想的練習

如果我覺得人生遭透了，請往好處想⋯⋯

⓰
不要想討好所有人

» 往好處想宣言

生活也許讓我們感到受傷，但那些受傷的地方，終究會成為最強壯的力量！

今天讓我難過、痛苦的事，總有一天我會笑著說出來的。你無法阻止別人對你做出差的評價，但是你永遠可以對自己有更溫柔的對待！

有學生問我，他最近被一個很好的朋友的一句話所傷，很難過、很痛心，問我該怎麼辦？

我告訴他：「親愛的，痛是可以的，人生有時候就是會痛。當你痛的時候就去感受那個痛，然後從中學會些什麼『智慧』，可以痛一時，不要痛一輩子。」

痛快痛快，當你感覺到「痛」的時候，代表離覺悟的時刻「快」到了！如果別人的一句話就能傷你，表示你這輩子註定

要傷痕累累。

聽我說一個佛陀被罵的故事。

有一次，佛陀遇到一個年輕的外道婆羅門，他來到佛陀面前，作出各種惡罵苛責。佛陀微笑著問他：「如果你在朋友聚會時送朋友禮物，然後朋友不收的話，請問禮物是誰的呢？」

婆羅門心想，還說佛陀如何有智慧，連這麼簡單的道理都不懂，於是他面露不屑的說：「他們不收的話，禮物當然還是屬於我了。」

佛陀微笑著說：「你明白這個道理就再好不過了。如果你在如來面前各種惡口相罵，如果我不接受的話，你覺得這些罵人的話會歸屬於誰呢？」

婆羅門一聽佛陀的反問，立時啞口無言。

聽完這個故事有幾個啟示：

一、這個世界沒有任何人能傷害你，除非你願意被傷害。

二、如果連佛陀這樣的大智慧者，都會有人罵他，你應該了悟一個真理，就是你不可能也不需要討好所有的人，無論你做什麼或不做什麼，都無法令所有人滿意。

三、有些人出現在我們的生命中，只是為了幫我們上了一課，然後他就轉身離開了。

四、如果你沒有得到，那你一定會學到。

　　豈能盡如人意，但求無愧於心。不要想討好所有的人，這是不可能也不需要，佛陀做不到，耶穌也不是人人都喜歡，我們又是誰？問心無愧就好！

　　因此，以後當你被人家批評了，或是當別人不看好你時，恭喜你，你一定是一個「咖」，因為你開始被別人「看見」了。此時你可以在心裡告訴自己，比你強的沒有空理你，比你弱的才會批評你，你永遠都不需要也不可能討好所有的人。

　　神說：「不要論斷人，免得被論斷。」

　　佛說：「你所給予出去的，最終會回來。」

　　我說：「不要隨便評論我，你只聽過我的名字，卻不知道我經歷過什麼，每個人都在為自己的生活努力著。」

- -

🏰 往好處想的練習

　　如果別人批評我，請往好處想……

⒘ 幸福這麼簡單

» 往好處想宣言

小時候幸福很簡單，長大後簡單很幸福。活著就是為了感受幸福與快樂，畢竟我來到這個世界，我有責任讓自己幸福。

有人說健康就是吃得下飯、睡得著覺、笑得出來，健康是一種愉悅的感受，當身體感覺到愉悅時，我們就稱之為健康，而當身、心、靈都感覺到愉悅，我們就稱為幸福。

人生不會二十四小時都是快樂的，真正的人生是一刻又一刻的在經歷著。

幸福是一種內在狀態，不是外在或外人可以評論的。你可以坐在一輛千萬名車裡煩惱，也可以住在億萬豪宅裡生氣；但是你也可以騎著腳踏車時吹著口哨，在老舊公寓裡享受天倫之樂。因為幸福的重點不在外面，而在裡面，也就是我們的內在是否能「升起幸福的感受」。幸福是一種感受，是一種隨時都

可以得到的，只要在心裡升起感恩心，它就無處不在。

記得有一回，在我的課程後，有位學員留下來跟我交流他的心得，他其實是一個事業有成、但沒有幸福的人。

他：「老師，今天的課程我很有收穫，不過我雖然事業有成，但我卻感受不到幸福。」

我：「怎麼了？許多人都想要有你這樣的成就，你為何感受不到幸福？」

他：「我年輕的時候就選擇隻身到對岸去工作，我很認真也很努力，花了好多時間經營事業，起初非常的不容易，但是我堅持下來，最終也獲得了很大的成就，賺了很多錢。」

我：「聽起來一切都很好呀！為何不幸福？」

他：「是的，如果人生只是看事業上的成就，那我應該算得上是成功的，但是人生並非只是事業上的成就，我最想得到的是家人的愛，在事業上花了很多時間，我就沒有時間陪伴我最愛的家人。他們都在臺灣生活，疏於陪伴他們的我，最終落得跟太太離婚，孩子也跟我不親近。最後窮得只剩下錢，我不知道這一路上的努力有什麼意義。」

我：「所以，其實對你而言，幸福是能夠有家人的陪伴與滿滿的愛。」

他：「是啊！不過一切都來不及了。」

聽完上面這段對話，你是否有一些感受，明明事業有成，但為何感受不到幸福呢？

在覺醒課程中，我們常會使用一個「生命之輪」的圖，讓同學自我評分（如下圖）。生命之輪中代表著我們生活的八個象限：金錢、健康、關係（家庭）、人脈、心靈、自我成長、事業、貢獻，你可以自己在這八個象限自我評分，看看自己在這八個象限的分數你是否滿意，滿意最高分是十分，不滿意最低分是一分。

請在生命之輪為自己的每個項目評分（1-10 分）

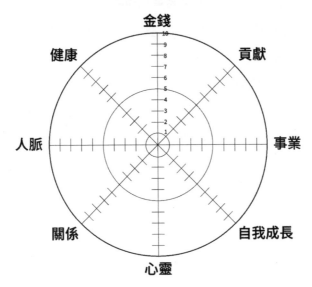

從這一張生命之輪的圖可以發現，你的生活各個領域現在的真實狀況，如果以剛才的例子而言，對我的那個學生來看，事業的分數會很高，但關係（家庭）的分數就會很低，於是我們畫出來的生命之輪，就不會是圓形平衡的樣子。

如果我們的生活就像一輛車，然後我們的輪子卻是歪七扭八的，我們這輛車不只開起來很不順，也會很痛苦。

因此，問題就出在於，我們許多人的人生往往只顧及一個象限，特別是事業或是金錢，我們鮮少有意識要照顧到所有的象限。我的學生就是失衡了，於是在家庭的象限令他感到痛苦，即使事業有成，他也不會感到快樂。

當你自我評估自己的生命之輪後，你要開始有意識的圓滿自己的八個象限。時間在哪裡，成就就會在哪裡，然後最重要的是，你可以同時兼顧。

誰說魚跟熊掌不可兼得，小孩才做選擇，覺醒的人全都要。聽我分享兩個網路故事，一個是關於事業象限，一個是關於家庭象限。

◆ 關於事業象限

　　有一位從事教育訓練的講師，需要到陽明山為公司做企業內訓，於是他一早就搭上一輛計程車，一上車司機先生開始不耐煩的嘆起氣來。講師隨口和他聊了起來：「最近計程車生意應該不錯吧？」

　　司機：「大家都不景氣，哪有什麼好的，每天都沒有幾個客人，生意難做死了。」

　　講師心想，這個話題好像不太好，於是他轉移了話題：「雖然生意不是很好，但是你的車子空間很大、很舒服。」

　　司機：「舒服個鬼，你想一下，每天要在這個車子裡坐十幾個小時，上個廁所、翻個身都很難，就連吃飯也在車上，哪有什麼舒服可言。」

　　講師心想，今天好像不適合聊天，於是就一路不再開口。

　　過了幾天後，這個講師又再次搭上計程車，要前往宜蘭授課。一上車就聽到司機吹著口哨，笑著說：「你好，歡迎搭上我的車，請問你今天要去哪裡呢？」

　　講師心想，今天這個司機好像有點不一樣。於是他問：「最近生意不是不好，怎麼你看起來卻是很開心的樣子？」

　　司機：「是呀！生意的確受到了影響，不過我有個保持快樂的祕密。」

　　講師：「什麼祕密？」

　　司機：「我說了你不要生氣喔！」

　　講師：「不會啦！聽到別人快樂的祕密，我開心都來不及了，怎麼會生氣。」

　　司機：「我每天都在想著，今天有哪個客戶要出錢請我去哪裡玩。就像你今天要去宜蘭，你下車後，我就到礁溪泡個溫泉再回程。像昨天有一對情侶去淡水，我就順道去吃個美食、看個夕陽再回家。每天都有人花錢請我到處去玩，多麼快樂呀！」

　　講師心裡想，真是個好祕密，每個計程車司機都該聽聽這個祕密。

　　我常說，這世界上最幸福的，就是從事你所熱情的，然後別人還會付錢給你。

◆ 關於家庭象限

　　小玲原本在美國有一份非常好的工作，但是媽媽生病長期臥床，她必須回臺灣來照顧媽媽，但小玲其實不是獨生女，在她上面有姊姊，底下還有一個弟弟。

　　由於她辭掉了在美國的工作，於是姊姊就給了她一筆錢，但是幾乎都沒有來到病房前照顧媽媽。同樣的，弟弟也是都找

了很多的理由，也都沒有照顧媽媽。

　　小玲身旁的朋友都對小玲說：「你也應該要去找你的姊弟們好好談談吧！照顧媽媽的責任不應該都落在你身上啊！你也需要休息的時間。」

　　但是小玲總是笑著說：「能夠照顧媽媽是我的福氣！」

　　所有的朋友聽到她這樣說之後，都不知道該怎麼回她，怎麼會有人覺得照顧媽媽是福氣呢？這不是一種負擔嗎？這是什麼樣的想法？

　　但是這樣的想法卻在她的朋友之間開始蔓延，朋友們不管遇到什麼樣的事情，大家都會想：「能夠多做一點是我的福氣！」

　　我常常跟已經結婚的夫妻說，特別是老公，一定要記得能夠洗碗是一種福氣。小時候，我們就聽過一個祕密叫做「公洗發財」，老公洗碗會發財，所以我很喜歡洗碗，因為這是我的福氣；我很喜歡做家事，因為這是我的福氣；我很喜歡煮飯，因為這是我的福氣；我很喜歡幫同事做事情，因為這是我的福氣；我能夠看到這篇文章，這是我的福氣；我能夠多做一點，全都是我的福氣。

　　想要多一點福氣的，記得**多做多得、少做多失**。

　　證嚴法師說：「福從做中得歡喜，慧從善解得自在。」就
是這個道理了。

．．．．．．．．．．．．．．．．．．．．．．．．．．．．．．．．．．

　🏰 往好處想的練習

　　如果我的生命失衡了，請往好處想……

⓲ 痴等的蛋糕

» 凡事往好處想宣言

我為自己而活、處處為別人著想。我值得愛與被愛。

　　自古以來有句話說：「男追女隔層山，女追男隔層紗。」當然這不是百分之百的保證，有時候在對的時候遇到不對的人，結局當然也不會是公主與王子從此過著幸福美滿的生活。

　　明偉是個國立大學的學生，稱不上帥哥，身邊卻也經常圍繞著喜歡他的女生。有一回他告訴我，在眾多喜歡他的女生當中，有一個最痴情，不但常寫信給他，也時時關心他的生活起居。無奈明偉卻不喜歡她，對她的態度比寒流來時還要冷。

　　在某次明偉生日當天，這個女生打了手機給他，說是親手做了一個蛋糕要為他慶生，而且就在他家樓下等著，希望他會喜歡。無情的明偉說：「我現在不在家，我要很晚才會回去。」

那個女生說：「沒關係，我可以等你回來再幫你慶生。」

事實上明偉是在家的，他偷偷從窗口可以看見那個女孩痴等的身影。而這一等就是四個小時，女孩的心從熱情到傷心，已哭紅了雙眼的她，想必心裡很受傷。明偉後來請家人下去請她先離開，不要再等了，女孩只好將蛋糕轉交家人，並強調一定要拿給明偉，然而明偉卻一口都沒吃。

聽完了明偉的述訴後，我深深為那個女孩感到不值，也覺得明偉的處理方式不夠妥當，他只輕輕的說：「誰叫我不愛她！」後來，我為這個女孩寫了一首歌《不願放棄》，參加了學校的民歌比賽，還得了創作組第三名。

有時候愛情是求不得的，硬要攀緣，緣也不會來。社會新聞常常看到，某某人為情所困、傷心自戕，某某大學生因感情問題憂鬱上身……等等，看了著實令人不捨。感情並非你情我願就好，兩個人相處或是談戀愛時，常常被愛沖昏了頭，失去理智，等到愛淡了，卻又跳脫不了，時常做出不理性的舉動。

成熟的愛應該是要建立在互愛、互信、互容、互長的基礎下，才能建全，時時懂得一個道理，愛情不是生命的全部，能繼續下去是緣分，分手時我也祝你幸福。

很多人常為情所困，說自己對對方那麼好，但是為什

麼她嫁別人？有一則故事，可以給失戀或婚姻路上不如意的人參考。

從前有個書生，和未婚妻約好在某年某月某日結婚，然而到了那一天，未婚妻卻嫁給了別人。書生受此打擊，一病不起，這時路過一位僧人，從懷裡摸出一面鏡子叫書生看。

書生只看到一片茫茫大海旁，一名遇害的女子一絲不掛躺在海灘上。此時路過一個人，看了女子一眼後，搖搖頭走了。後來又路過一人，他將衣服脫下，幫女子蓋上後也走了。最後又有一人路過，他看到女子後走了過去，挖個坑，小心翼翼的把屍體掩埋了。

僧人解釋道：「那具海灘上的女屍，就是你未婚妻的前世，你是第二個路過的人，曾給過他一件衣服，她今生和你相戀，只為還你一個情。但是她最終要報答一生一世的，是最後那個把她掩埋的人，那個人就是他現在的丈夫。」

書生這才大悟。

📅 往好處想的練習

如果我現在沒有人愛，請往好處想……

不願放棄

詞／曲：林達宏

你的笑容　你的言語

深深吸引著我那愛你的心

我的痴情　我的真心

無奈始終不能牽動你那無動於衷的表情

是我不夠資格愛你

還是你對我沒有感情

是你有了新的戀情

還是你不敢對我表明　我不敢確定

一次又一次　想起這個無解的問題

一次又一次　更加愛你的我的心

對你付出了真情

從沒見到你的回應

對你付出了真情

總有一天你會答應

我永遠不願放棄

永遠不願放棄

不願放棄

ⓙⓨ 相愛容易相處不難

» 凡事往好處想宣言

聽那無聲之聲，看那無相之相。我知道別人每一句話的背後，代
表的都是愛。

　　小吳是個脾氣很好的男人，某天他突然悻悻然的告訴我，
一早起床他太太就向他抱怨：「每次叫你衣服收進來就要分類
分好，為什麼你就是講不聽，收進下來就丟著，到底是要講幾
次你才聽得懂？」

　　然後他太太又到了浴室接著說：「還有，那個馬桶蓋叫你
記得要蓋，你也都沒蓋，每次都講你每次都不做，你是存心要
跟我作對嗎？」

　　小吳就忍不住回嘴：「一大早起床而已，你就一直唸一直
唸，衣服沒收好，你不會自己收一收嗎？為什麼一定要我收，
你是太閒了要找我吵架是不是？」

聽到小吳這樣一說，他太太火氣更大了，分貝拉高大喊：「說什麼我太閒要跟你吵架，你有什麼了不起的，也不想想我在你們家受了多少委屈，你有什麼資格凶我！」

在愛情或是家庭關係裡，你是否也跟小吳的婚姻狀況一樣，都在為了小事吵架？貧賤夫妻百事哀，缺愛的夫妻萬事拆。現今的社會離婚率年年攀升，都是因為夫妻的相處出了問題，有問題不溝通，日子一久，藏在心裡的疙瘩就一個個顯現出來。如果夫妻雙方繼續如此反覆下去，離婚只是早晚的事。但是往好處想，在這個故事中，我們得到了什麼樣的啟示呢？

小吳如果能夠細心一點，每次收衣服都能記得不要亂丟，馬桶蓋每次都能記得蓋上，太太也不會在一大早就發脾氣了。而太太如果能在發現這些先生沒做好的時候，順手幫忙把衣服收好、把馬桶蓋蓋好，這些爭執是不是也同樣不會發生？其實無論是夫妻相處還是人際關係，態度及口氣很重要，有時候理直氣壯的吵，贏了面子卻輸了裡子，換個方式說話，同樣的意思差很多。

如果故事發展換成這樣，或許場面就不會那麼火爆了。

一早起床，小吳的太太發現了小吳忘了把衣服收好，太太不急不徐的收著衣服說：「老公呀！辛苦你了，要上班還要幫

忙收衣服做家事，真是一個好老公，嫁給你真是我的幸福！」

　　小吳聽到這番話，內心很是感動，又想起老婆最近照顧小孩，半夜都要起來好幾次，接著說：「老婆，不好意思，我又忘記收衣服了，還要你來整理，辛苦你了，能娶到你，我才是最幸福的。」

　　一樣的場景，人物也都相同，唯一不同的就是說話的態度與口氣，夫妻相處不要比誰更怕誰，而是要比誰更愛誰。吵架的時候為什麼會大聲，因為此刻「心」離得很遠。現今的社會，工作壓力已經很大了，在家庭中應該是最溫暖的堡壘，不該是一個製造紛爭的戰場。凡事往好處想，夫妻生活幸福又安祥。

往好處想的練習

　　如果我被另一半責備了，請往好處想……

往好處想的「幸福」觀

活著就是為了感受幸福與快樂，

跟我的幸福快樂無關的，

離我遠一點。

❷⓪
植物人的媽媽

» 往好處想宣言

不是這個世界不美好，而是缺少一雙發現美好的眼睛！這個世界
有時候很煩，但是我要很可愛。

　　如果你的丈夫過世，自己要扶養三個小孩，然後大兒子又
出車禍變成植物人，你成了一位單親媽媽，現在醫療費、孩子
教育費之外，還要復健，你怎麼辦？請往好處想。

　　上面這樣的人生，應該有人認為哪有可能這麼巧，不好的
事全兜在一起，也太不公平了吧！事實上，真的有一位媽媽就
遇上了這些事，而且她的樂觀、正向的態度，改變了原本殘破
的家庭，讓故事的發展充滿著愛與信心。

　　故事是這樣的，陳媽媽的先生很早就過世了，留下了三
個子女與她相依為命，她靠著打零工維繫著家庭開銷。原本以
為這樣的生活至少能平安度日、一家和樂，但是屋漏偏逢連夜

雨，就在大兒子小偉 20 多歲時，與朋友在一次出遊的途中發生車禍，小偉被送進了加護病房。他腦部受損嚴重，雖然挽回了一命，但是從此他也被判定成為植物人。

陳媽媽的心裡除了難過，更多的是對兒子的不捨與不忍。但是有著大愛胸襟的她，不但原諒了肇事者，還將賠償金100 萬元全數捐出，實為難得，她不願自己受的苦，再讓另一個家庭也受苦。

雖然原諒了肇事者，但是小偉仍然在與生命搏鬥，而在小偉病褟前的媽媽，每天都向觀世音菩薩祈求著，希望小偉能夠趕快醒過來。儘管很多人都對她說：「你不要有期待了，他不會醒來了！」這樣的話，她卻從不曾放棄，因為她深信，有一天他的兒子會再醒過來的。

就這樣每天祈禱、每天盼望，有一天奇蹟真的發生，小偉就這樣醒來了。小偉口中輕輕叫了一聲媽，她的眼淚不知是喜或悲，就這樣流個不停，這一切的等待終於有了回報。

不過醒來後的小偉發現，他的頭蓋骨被拿掉了，右手及兩隻腳也不能動。他必須面對長期的復健過程，這樣的打擊，讓小偉一點都開心不起來，甚至覺得如果不醒來，就不用面對這一切了。

有一回，陳媽媽騎著機車要帶他到醫院復健時，小偉竟然

從機車上往旁邊一跳想要自戕，這個舉動讓陳媽媽嚇壞了，也再度打斷了兒子甦醒的喜悅。

有句話說：「老天把你關了一道門，同時也會為你開啟另一扇窗。」陳媽媽在一次偶然的機會中，遇見了身著藍天白雲的慈濟人，這位慈濟人得知這樣的故事後，展開了撫慰及關懷的行動。他們每個月定期到小偉家中與他對話，甚至找了很多年輕志工與小偉互動，他們一起下棋、彈吉他、學電腦、變魔術，年輕志工用年輕人的語言，慢慢化解了小偉心中的障礙，引導他一步一步的走向人生大道。也許這條路充滿辛苦，但是只要有信心，再困難崎嶇的路也會變平坦。

陪伴小偉走這條復健路數年了，而我也是那些年輕的志工之一，每年小偉的生日，我比自己的生日還要記得牢，總不忘去為他唱生日快樂歌，聽聽他這一陣子的進步與成長。

每每看著他站起來，走幾步路給我們看時，怎麼也想不到他曾經是個植物人。也許這條復健路還要繼續下去，但是只要有心，天下無難事，陳媽媽每次都是帶著正向的心及永不放棄的信念，對她而言，這些挫折都不算什麼，她不辭辛勞、不畏艱辛，因為她知道，人生放棄只要一秒鐘，但是堅持需要一輩子。

有時候，上天給你許多磨練是因為你受得起，你有著別人

所沒有的勇敢。如果你向上帝祈求，但上帝沒有幫你時，代表
祂相信你可以。

🏰 **往好處想的練習**

　　如果有一天失去了你的行動能力，請往好處想⋯⋯

❷❶
不要抱怨，因為比你優秀的人比你還努力

» 往好處想宣言

嘿！你做得很好了，你不必完美，這世上也沒有完美的人，我要跟你說，你辛苦了，你夠好了，你值得擁有美好的人生，我覺得你是一個有價值的人，我愛這樣的你。

你知道嗎？現在的人離不開社群，也因此臉書的影響力不容小覷。不過我不是要談臉書，而是我常常在臉書上看到網友在抱怨，而且屢見不鮮，他們抱怨工作、抱怨職場、抱怨朋友、抱怨父母，當然不用說也抱怨政府，甚至抱怨自己如何如何。

記住一句話：「抱怨就會失去，感恩就會得到。」看看我們周遭的成功人士，有誰是整天抱怨，然後得到很棒的結果？反過來看看，有許多人是充滿感恩的，感恩他們所擁有的一切。

全球知名的生命鬥士力克‧胡哲，他出生罹患海豹肢症，

天生沒有四肢。他曾經三次嘗試自殺，10 歲那年，第一次意識到「人要為自己的快樂負責」，從此，熱情、好動、充滿生命力，是對他最棒、最貼切的形容詞！

他的人生挑戰過許多人認為他做不到的事，他可以自己煮菜、參加衝浪，在夏威夷與海龜游泳、在哥倫比亞潛水，踢足球、溜滑板、打高爾夫球樣樣行。他甚至創立了「沒有四肢的人生（Life Without Limbs）」非營利組織，實行各種創意行善，至今已在五大洲超過 25 個國家、舉辦超過 1500 場演講，給予（接受）數百萬個擁抱，自稱為「擁抱機器」。

他並獲得各國領袖接見表達肯定，常常世界各地演講，也不斷造訪教會、學校、垃圾城、貧民窟、勒戒中心、監獄和紅燈區。他散播希望與愛的行動，深受教師及家長讚譽，認為應該把他的故事列入學校課程，至今已有六億人聽說了他的勇氣人生。

力克‧胡哲曾說：「生存有幾個原則，首要就是學會感恩。」他讓自己的生命從一無所有到一無所缺，如果力克胡哲做得到，我們還有什麼藉口？

你所專注的它就會擴大，當你一直在生命中抱怨這個、抱怨那個的時候，宇宙的吸引力法則早已把你帶向負面的能量區，而你不自知，當你一直把負能量帶進來，正能量就無法

接近你。

　　舉個例子，如果你想買一輛賓士車，從這一刻起，你出門時就會到處都會看到賓士車；如果你想買一個名牌包，你也一樣會從這一刻起，出門到處都會看到那款名牌包。賓士車跟名牌包，平常不在你的生活四周嗎？不！那只是因為你過去沒有專注在那裡，而你現在開始專注了，所以你專注的會擴大。

　　抱怨亦同，感恩亦同。懂了這個道理後，接下來你要專注在感恩上。感恩其實沒有那麼難，看看你現在所擁有的一切，都值得感恩。就舉一個最簡單的例子，你現在能讀懂這段文字，都值得你深深感恩了。有多少人是無法「親眼看到」，他們可能出生或是意外事故，導致雙眼失明。而我們何嘗不是幸福的一群，我們能看見這個美好的世界，就值得感恩了。

　　現在你可以放下書本，好好的感恩一番。如果你不知道如何感恩，按照以下這段感恩文唸一遍。

　　我感恩我能聽得見美妙的聲音，能洗滌我所有的煩憂。
　　我感恩我能看得見天地的美景，能撫慰我不安的心靈。
　　我感恩我擁有愛我的人，還有我愛的人。
　　我感恩我還有工作，我感恩我還能笑得出來，
　　我感恩我現在所擁有的一切事物。

我感恩我能接受所有一切的困難，一定是要教會我什麼。
我好感恩，我好感恩……

凡事都值得我們感恩，因為「凡事發生必有其目的，且有
助於我」。把這樣的心念隨時放在心中，時時提醒自己過一個
感恩的人生，而不是抱怨的人生。

· ·

🏰 往好處想的練習

如果我認為我不夠好，請往好處想……

❷❷
過一個不後悔的人生

» 往好處想宣言

不要在能吃苦的年紀，選擇安逸，畢竟我來到這個世界，我有責任讓自己感到滿足。

記得前幾年去挑戰了一件事後，見到我的朋友都會提到我去澳洲「高空跳傘」的事情。他們都對我去跳傘感到勇敢、不可思議、好有勇氣，然後他們會說：「要是我，我做不到！」

那次去澳洲前，就聽聞了有「高空跳傘」的活動，於是內心升起想要挑戰的想法。我想起有一個學生她身體有障礙，然而她也試過高空飛行傘了，我心想她都可以做到了，我為什麼不行！

但是真正要去跳傘之前，內心還是會有恐懼，我腦袋裡出現許多的小聲音：我怕飛機會掉下去、我怕教練沒綁好、我怕落地會摔斷腳、我怕……還有好多好多的恐懼，一直出現在我

的腦袋裡，而這些恐懼，在跳出機艙的那一刻全不見了，因為那只是我的大腦自己編造出來的故事罷了。

我們的大腦，無時無刻都在阻礙我們，只因為它想讓我們留在很舒服的舒適圈，而我在當時問我自己，如果不去做這件事（高空跳傘），我會不會後悔？我得到的答案是「會」。那既然會後悔，為什麼不去做？於是我跳下去了。

我想要過一個不後悔的人生。

我在上課時，常遇到很多學生跟我說他們後悔的事，「後悔當初沒創業。」、「後悔當時沒把握住機會。」、「後悔當初的戀人沒好好對待。」、「後悔話沒好好的說。」、「後悔沒有好好的孝順父母。」、「後悔太努力工作。」、「後悔沒有勇氣去做。」……可惜的是，人生沒有後悔藥！

電影《練習曲》中最棒的一句話就是：「有些事現在不做，一輩子都不會做了。」

人生有很多事是「過了這個村就沒有那個店」，我有一位朋友說，每件事總有兩次機會，一次是這一次，另一次是下輩子。也許很多事錯過了，就真的再也不會有了。

每一個成功人士在做一個選擇、要面對一個新的事物或是一項從來沒經歷過的事的時候，跟一般人一樣會產生恐懼，但差別是一般人會讓恐懼阻礙他的行動，而成功人士則是有恐懼

卻依然採取行動。

看出差別了嗎？你想要過什麼樣的日子、你想要怎麼樣活出你的生活、你想要成為什麼樣的人、你想要去哪裡、你想要做什麼事，當你想清楚了，就去活吧！現在就去做，現在就去活！

這樣說你們大概會覺得，我就是跨不出這一步啊！

給你們一個受用一生的技巧，當你需要做出決定時，記得這三個步驟：

一、就位

想好你要做這個決定的最大風險是什麼，你如果創業需要一個月 3 萬元，一年的時間你沒有收入風險就是 36 萬元。家裡若是少了這一年收入，你能承擔得起這個風險嗎？你願意承擔最差的結果嗎？如果可以，那你就是就位了。

作家火星爺爺曾說：「超人的偉大事業，都是從下班後才開始的。」你也可以選擇利用晚上或是假日創業，降低你的風險。

二、發射

當你就位後，接著就是要立即採取行動了，你不需要很厲害才能開始，但是你必須要開始才會很厲害。如果你不採取行動，你就不會有結果。所以趕快採取行動，做一些不一樣的事情，你不能用相同的自己，得到不同的結果，你必須要立即行動，立刻去做！立刻去做！立刻去做！

三、瞄準

人生不是一條平坦的道路，你必須要邊走邊整隊，發射後要瞄準，打不準沒關係，你可以重新瞄準再發射。目標設定在月亮，你至少會打中老鷹。

先發射再瞄準，然後再發射、再瞄準。人生後悔的，都不是那些我們曾做過的事，而是那些沒有勇氣去做的事。

祝福你，能夠不再被恐懼綁架，活出一個不後悔的人生！

• •

往好處想的練習

如果我覺得要完成這件事太困難了，請往好處想……

❷❸
讓別人贏

» 往好處想宣言

每天早上，我都再一次提醒自己，生命短暫而美好，沒時間去抱怨，沒時間去討好所有的人，讓別人贏，不代表自己輸。

有個學生問我：「為什麼我的另外一半都不懂我？交往前跟交往後的態度天差地遠？讓我有點不能理解。」

我：「那你懂他嗎？」

她：「……」

從周哈里窗（註一）來解釋，為何別人不懂你，這其實再正常不過了，每個人都有個「自己知道、別人不知道」的領域，也就是「隱藏我」，我們沒有魔球，更沒有讀心術，可以探究對方的內心在想什麼。

如果你想知道對方在想什麼，最好的方式就是開口問他。

有一個結婚多年的太太，懷疑先生跟同事常常傳簡訊，兩

人過從甚密，她覺得關係並不單純。但是她又怕問了之後會撕破臉，於是日子就這樣得過且過，常常猜忌另一半，這樣的關係其實很不健康。

再強調一次，如果你想知道對方在想什麼，最好的方式就是開口問他。人生其實很簡單，不需要過得緊張兮兮的，如果一段關係需要偷偷摸摸的，根本就不該介入。

我們給夫妻最好的建議就是，一天的結束就是敵對的結束。許多話今日事、今日畢，有什麼話都該開誠布公，伴侶之間不存在祕密，才能成為靈魂伴侶。

有一位明星跟老公去國外度假，買了一臺好幾萬元的數位相機，接著他們的行程去坐獨木舟。上船時，導遊交待他們把貴重的物品放在塑膠套裡裝好，這樣才不會進水，但她老公並沒有照著做。

結果，途中這臺相機就從她老公的口袋掉到水裡，這位女明星突然感到怒不可抑，準備要脫口大聲斥責：「為什麼我跟你說的，你都沒有在聽！到底要說多少次？你為什麼每次都這樣？你真的很掃興、不用心，做事總是馬馬虎虎！」

後面想當然爾，許多情緒性的字眼都會從口中一躍而出，去傷害彼此的感情。

幸好這位女明星即時覺察到了，她讓自己深呼吸，然後問

自己一句很重要的話：「是幾萬元的相機重要，還是老公的尊嚴重要？」為了幾萬元的相機發火、數落、羞辱他，值得嗎？有必要這樣嗎？

於是她閉嘴了，她做了一個選擇，老公比較重要。

看完這個故事，你應該心有戚戚焉吧！在關係裡，不管是伴侶、親子或是同事之間，我們或多或少都會發生一些事，讓你很不爽、讓你很火、讓你很氣憤，但是我要問你的是，你是想要發洩情緒，還是想要解決問題？你要證明你是對的，還是你要得到你想得到的？

我選擇後者，因為我清楚的知道，我要解決問題，我要得到我想得到的。相機掉下去了，趕快撿起來才是解決問題的辦法，當下責備老公，相機也不會自己跑上來。我想得到彼此關係更好，責備他不會讓我得到這個。

和大家分享來自德國的一段詩：

如果你知道，這是我們最後一次見面，你會不會阻止我離開，告訴我你捨不得。

如果你知道，這是我們最後一次見面，你會不會給我一個親吻。

如果你知道，這是我們最後一次見面，我會不會得到你的愛與讚賞。

如果你知道，這是我們最後一次見面，你會不會原諒我。

如果你知道，這是我們最後一次見面，你會不會緊緊的抱著我，跟我說你愛我。

今天可能是最後的機會，因為明天也許不會來。

如果明天真的沒來，你一定會很遺憾你沒有給你愛的人一個微笑、一個擁抱或一個吻。

你太忙了，不能給你愛的人一個最後的願望。

直到你再也沒有機會告訴他們，你有多愛他們。

花時間說對不起、我很抱歉、請原諒我、謝謝你、我愛你，如果明天永遠都不會來，你將只能留下後悔。

●●●

🏰 **往好處想的練習**

如果我愛的人不懂我，請往好處想……

【註一】根據維基百科，周哈里窗（Johari Window）這個理論由美國社會心理學家 Joseph Luft 和 Harry Ingham 在 1955 年提出，由兩人名字的前兩個字母命名。

周哈里窗展示了關於自我認知和他人對自己的認知之間，在有意識或無意識的前提下形成的差異，由此分割為四個範疇（如下圖），一是自己和他人都了解自己；二是他人了解自己，但自己不了解自己；三是自我有意識的在他人面前有所保留，即他人不了解自己，但自己了解自己；四是他人及自己均不了解自己，也稱為潛意識。

「周哈里窗理論」在企業領域裡的組織動力學中經常能發揮很大的作用，它展現了自我認知和他人認知之間的差異，透過調整和改善自我與他人之間的互動關係，進而改善工作氣氛提高工作效率。

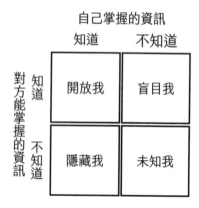

❷❹
一切都是最好的安排

» 往好處想宣言

我深信每個發生皆為我的美好而來。

你無法感受，是因為時候未到。

如果你現在只有 3 歲，我告訴你長大有多美好，你無法感受，因為時候未到。

如果你未曾被傷害過，我告訴你，挫折是人生最好的禮物，一切都是最好的安排，你無法感受，因為時候未到。

如果你未曾創業失敗，我告訴你，這是創業者必經的一條路，你要堅持走過，失敗是一種選項，如果你凡事都順利，代表創新不足，你無法感受，因為時候未到。

如果你未曾生過病，我告訴你，你要好好的重視健康，你無法感受，因為時候未到。

如果你父母還健康，我告訴你，跟他們相處的日子過一天少一天，行孝不能等，你無法感受，因為時候未到。

如果你不曾被背叛過，我告訴你，每個人來到你的生命，都是想要為你上一堂課，然後他就轉身離開。會有人上車，自然就會有人下車，他是為了讓你看清人性真相，你要祝福、你要用慈悲心看待，你無法感受，因為時候未到。

如果不曾被孩子討厭過，我告訴你，你是孩子的模，孩子就是你的鏡子，你要回到自己的生命中去檢視，你自己內在小孩是否也是如此討厭你的父母，覺得父母總是嘮叨，你已長大了，你渴望自由。你無法感受，因為時候未到。

如果事與願違，代表上天另有安排，因緣不可思議，一切都只是「時候未到」。把時間拉長來看，最後你會發現，人生不會打上蝴蝶結，但它仍然是一個禮物！你要深信，一切都是最好的安排。

• •

🏰 往好處想的練習

如果事與願違，請往好處想……

❷❺
沒有失敗，只是尚未成功

» 往好處想宣言

人生這趟旅程，誰會出現在我們的生命裡，我們無法選擇！但最後誰會留在我們的生命裡，由我自己決定！

是的，我失敗了。

今天來談談「失敗」這個人生常遇到的事。

我在高雄的辦公室外，走廊貼著一句話：「失敗在這裡是一個選項，如果你不曾失敗，代表你創新不足。」

我常在想，失敗跟成功到底是如何定義，又是誰在定義的？有錢就是成功，沒錢就是失敗？事業有成就是成功，失業就是失敗？有人愛就是成功，沒有愛就是失敗？是誰定義的？為何又會有這樣的定義？

曾有人質疑過愛迪生，說他失敗了 10000 次才發明了電燈泡。但愛迪生說：「你錯了，我一次就成功了，我只是經過

了 10000 個步驟，我找到了 10000 種行不通的路，並沒有失敗，只是尚未成功。」

很激勵的一段話對嗎？如果你認為你失敗，不是你真的失敗。為什麼人們會認為自己失敗？可以從兩個角度去了解。

第一是你把時間放在現在和過去去看、去比較。如果你現在 40 歲，假如你能活到 100 歲，現在的失敗是跟未來比較嗎？不！你其實是跟自己的過去比較。

我曾是一個失業的人，當時我認為我失敗了，我看不見自己的未來，但是知名成功激勵大師安東尼‧羅賓說：「過去不等於你的未來。」

世界上有很多事是不可預料的，成功往往伴隨著失敗，而失敗往往也孕育著成功。失敗是過去的失敗，不是現在的失敗，而現在的失敗也只是現在的失敗，並不是未來的失敗。

心理學家經過研究發現，很多人心裡經常感到不快樂，不是因為他們此刻正受著什麼事情的折磨，也不是他們有什麼樣的病痛，而是他們在反思過去的某件讓他們感到心情不好的事情，或者是在緊張即將發生的事情，而引起情緒不穩定。

或許其中的這些事情都已經過去好幾年了，或是根本就不會發生的事情，他們卻一直為這些事情而耿耿於懷。

第二是你內心的標準跟你現實的結果不一樣，所以你賦予

了一個失敗的意義在現在這個時間點。

　　如果你想要今年賺 100 萬元，但是到了十月你只賺到了 1 萬元，你可能就會覺得自己很失敗。如果你的標準是要一輛進口名車，但是你現在只有國產機車，你可能也會覺得很失敗。但是這些其實都是假象，你的標準從何而來？為什麼賺 100 萬元才是成功，賺 1 萬元就是失敗？你是如何定義的？

　　許多名人都曾經歷這樣的過程，只是那並不代表失敗，以下我舉出幾位名人的例子：

1. 亞伯特・愛因斯坦（Albert Einstein）一直到 4 歲都還不會說話，到 7 歲都無法閱讀，他的老師曾經認為他是發展遲緩兒童，讓他曾一度被退學。

2. 發明大王湯瑪斯・愛迪生（Thomas Edison）的小學老師曾告訴他：「你不管學什麼都太笨了！」

3. 大家都知道索尼總裁稻盛和夫是經營之神，然而索尼的第一款產品是煮飯用的電鍋，當時人們仍是用火爐燒飯，不幸的，電鍋能煮的飯比火爐還少，因此賣出不到一百臺。

4. 華特・迪士尼（Walt Disney）曾被一個報紙編輯給開除，原因是他缺乏想像力和沒有好的主意。

5. 貓王艾維斯・普里斯萊（Elvis Presley）的經紀人，在他第一次表演後對他說：「你真的不適合這裡。」

6. 知名畫家文森・梵谷（Vincent van Gogh）還活著時，一輩子只賣出了一幅畫，買主還是他的朋友。

7. 美國知名女脫口秀主持人歐普拉・溫芙蕾（Oprah Winfrey）在做電視報導時曾被開除，因為他們告訴她在鏡頭前不上相。

8. 美國性感女星瑪麗蓮・夢露（Marilyn Monroe）被哥倫比亞電影公司終止了她的第一份合約，理由是認為她作為女演員不夠漂亮。

9. 大導演史蒂芬・史匹柏（Steven Spielberg），曾經被他夢想中的學校美國南加州大學拒絕了三次入學。

10. 知名喜劇演員查理・卓別林（Charles Chaplin）的表演被經理們否決了，因為他們認為他的表演太深奧了，以致人們看不懂。

　這些人並沒有因為這些經歷而被打敗，更沒有承認自己失敗，所以沒有失敗，只是尚未成功。

‧‧

往好處想的練習

　如果我失敗了，請往好處想……

②⑥ 你被別人背叛？

» 凡事往好處想宣言

我們活在一個有因有果的世界，事情要改變，我要先改變。

你曾經被別人傷害過、背叛過嗎？特別是你愛的人或是你一直相信的人，這種痛，你是否刻骨銘心，甚至不再相信任何人了？

多年前，曾經有一位學員，把我所有在課程上教的內容全部複製走，然後封鎖了我，自己出去開課，後來透過其它學員的告知，我知道這件事。

當年我的心裡有一點受傷，我心想，如果你想要出去教，可以告知我一聲，我一定支持你，為什麼要偷偷摸摸做這樣的事呢？

多年後，我聽到了《當和尚遇到鑽石》一書作者麥可‧

格西的「種子法則」，我終於明瞭所有一切發生在我身上的事情，都跟別人沒有關係，我才是一切的根源。

耶穌說：「凡是給人的，就必有給你的！」

佛陀說：「因緣果報，自然法則。」

如果你也遇到「背叛」的事，你可以這樣理解，理解就能諒解，知道就能放下。

「種子法則」教導的核心原則是：「**凡是你所得到的一切，皆來自於給予。**」

現在我得到了背叛，就表示是因為過去我也曾對別人做過類似的事，或是我曾經無心造成別人的傷害，所以這一顆種子回來了。

這麼說你可能會誤解，你沒有背叛別人，這一生清清白白、坦坦蕩蕩的啊！是嗎？我們都是清清白白、坦坦蕩蕩的？至少我不敢說自己完全沒有背叛過別人。

如果你曾經未經別人允許，做了傷害他人的事，也許只是一件非常非常小的事，但是你就已經種下種子了，而這個種子時機成熟時，它就會回來。

於是我回想，我什麼時候種過背叛的種子？我突然想起，在我工作的最後一年，我在一間電腦公司，當時我是一位業務主管，雖說是主管，但其實底下只有管理一位同仁。

　　一開始到公司時，我動力滿滿，想要做出一番成績，但後來所承接回來的案子，都沒有後勤同仁的支持，老闆也沒有給我肯定，於是幾次之後，我心灰意冷。我的起心動念就是做出一個決定——開始混日子。

　　我記得從這個起心動念開始後，我每天上午九點進公司打卡後，就開著車出門，老闆以為我去拜訪客戶，但其實我是開車到公園旁，然後把車窗打開睡覺（溫馨提醒，不健康也是不良習慣，請勿模仿），直到快下班再回公司打卡，那段時間，我經常這麼做。

　　現在回想起來，我當時已然種下了背叛老闆的種子，我偷了老闆的時間，也偷了他對我的信任。而如今，我的學生只是把我過去所給予的種子還給我罷了。

　　過去很不能諒解他為何這樣對我，後來才知道，這一切都是因為我曾這樣對待過別人。

　　我釋懷了，我理解了，我覺醒了，我懺悔了。原來我才是一切的根源，那句話又再次提醒了我：「凡是我所得到的一切，皆來自於我的給予。」

　　這是一個全新的觀念，你能接受嗎？你看到別人有錢，你沒看到他過去布施的時候；你看到別人有貴人相助，你沒看到他過去幫助別人的時候；你看到別人身體健康，你沒看到他時

時關心別人的健康；你看到別人家庭幸福和樂，你沒看到他每天用愛陪伴家人。

下次，不管你得到什麼，你都可以摸著自己的心說，我的種子回來了！

● ●

📷 往好處想的練習

如果有人背叛我，請往好處想……

27
人生是「我的」？

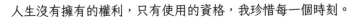

» 凡事往好處想宣言

人生沒有擁有的權利，只有使用的資格，我珍惜每一個時刻。

人生沒有我的，就沒有痛苦。

錢不是我的，我只是暫時擁有；公司不是我的，我只是暫時管理；老公、老婆、小孩也都不是我的，我只是在人生路互相陪伴；時間到了，就像打電話一樣，不是你先掛，就是我先掛。下次，如果有事情令你感到痛苦時，記得提醒自己，痛苦也不是「我的」。我們來到這個世上體驗，當時間一到，這些都會離我而去。

曾經我被背叛過，當時我用心的對待某個人，最後這個人離我而去，我當時的想法是：「我對你掏心掏肺，你竟然轉頭不回。」

真心換絕情，難過了許久，現在覺醒後發現，原來我認

為他是「我的人」，這個執著令我痛苦，當我放下「我的」，了解他只是為他自己的人生重新做出選擇，他的目的不是背叛我，而是他為自己做選擇。此時我的心中頓時開悟，轉念為他祝福，這就是放下執著的過程。

我們就像是電玩裡的角色，在人生中不斷的破關、提升等級，但其實我們不是「角色」，我們是電玩外的「玩家」，我們決定要玩什麼角色、要體驗什麼關卡過程，然後，我們隨時可以選擇登出遊戲，所謂登出，就是「開悟」的開始；所謂的「悟」，就是往內看到「吾」的「心」。

當我們一次又一次的修練自己，不被煩惱所障，我們就是在進步了。人生如何檢視自己是否有進步，就是看看自己的煩惱有沒有減少，如果沒有，代表你走回原路了，回頭是岸。

● ●

🏰 往好處想的練習

如果我現在有煩惱，請往好處想⋯⋯

②⑧
我是誰？

» 凡事往好處想宣言

我是光、我是愛，我是一切的根源。

這個人生大哉問，已經很多年了，你有答案嗎？

我是達宏老師。

我是心靈導師。

我是暢銷書作者。

我是最有溫度的老師。

我是岡農傑出校友。

我是一個老闆。

我是一個爸爸。

我是一個林家男孩。

到底我是誰？上面那些，全都不是「我」，那些只是我生命中，所扮演的「角色」。

人生其實是一場遊戲，我們就像在玩一場電玩遊戲一樣，我們在人生中扮演著不同的角色，而我們都在這些角色中經歷，也在學習提昇能力，準備好過關，等級越強，能過的關卡就越大。但如果你能夠一次又一次知道，自己是遊戲背後的玩家，你就能夠成為五個等級的超級玩家。

第一級玩家，這輩子從事著自己熱愛的事情，也就是扮演任何一個角色的時候，都要記得「物超所值」。

如果現在扮演的是一位爸爸，我的物超所值就是讓孩子感受到我的陪伴、支持和鼓勵，還有拓展他們的視野，永遠讓他們知道我在。

如果扮演的是一位老師，我就要物超所值的讓學生知道，我能夠幫助到你，協助你看見更多的自己，讓你從茫、忙、盲的生活當中重新醒來，真正的了解掌握自己的生命，成為自己的主宰者。

如果扮演的是一位老公，我就要物超所值的讓老婆知道我有多愛你，我要時時刻刻的珍惜、呵護、創造驚喜，把你說的話、你在乎的事一一完成，讓你知道你是被愛也值得擁有愛的。

第二級玩家從事自己有興趣的工作，並且也賺到錢了。你有沒有發現，有些人這輩子可以過一個豐盛的人生，從事著熱

愛的事，別人又要付費給他們，那真是太棒了。

　　第三級玩家可以理解，這世界上所有的一切，都是我腦袋裡的信念所解釋出來，用著如幻視角來看待這個人生。佛說：「一切有為法，如夢幻泡影，如露亦如電，應作如是觀。」

　　第四級的玩家可以覺察自己的覺察，知道自己正在扮演著一個角色，我們都是每個角色背後的玩家，不執著於任何的事物，透徹宇宙的真理。

　　第五級的玩家，知道我們可以隨時登出正在扮演的角色，對這個世界上所有的一切都不解釋了，因為所有的一切，都是我們賦予它意義，只要我們不賦予，它就只是存在著而已，並沒有任何意義。

・・・・・・・・・・・・・・・・・・・・・・・・・・・・・・・・・

🏰 往好處想的練習

　　如果我不了解自己，請往好處想……

往好處想的「教育」觀

教育是提昇人類的樞紐,是照亮未來的希望,

學習就是為了遇見更美好的自己,

透過教育讓人們向上向善。

❷❾
放牛班的學生、不放棄的老師

» 凡事往好處想宣言

我來到這個世界，是有很重要的事要完成，我是一個有使命的人。

我出生在升學率掛帥的年代，國中時期是能力分班，就因為一次的入學測驗考不理想，就落入了放牛班。其實放牛班也沒有什麼不好，只是多了些其他同學的誘惑，以及各式各樣的搗蛋行為發生。

在放牛班的三年，常常都會上演霸凌的狀況，今天這個同學被打，明天另外一個同學被整。而整人的方法就是當年很流行的「珍珠奶茶」，很多同學買珍珠奶茶來喝，珍珠就吸起來大力向別的同學噴，下課後，被整的同學衣服背面全被噴得都是珍珠，只好脫下來清洗。還有很多事情發生在這三年，不過我要提的是一位不放棄我們放牛班的老師。

　　這段故事，每次演講我幾乎都會提到。劉恆菁老師是我們班上新來的英文老師，某天上課的時候，坐在後面的同學在吵鬧，劉老師就對同學制止，也開始向同學說教。這一說讓坐在第一排的我覺得無關我事，於是我就趴在桌上休息，誰知道下課後，劉老師非常生氣，她走到我的面前說：「林達宏到我的辦公室來！」

　　完全搞不清楚狀況的我，只好跟著很生氣的老師走到了她的辦公室，進到辦公室後，她把書本高高舉起往桌上一摔，「碰！」的一聲嚇得我一句話都說不出口，但劉老師卻說了一句我這輩子永遠都不會忘的話：「好學生要教，壞學生也要教。」

　　當時年紀輕輕的我，完全不知道老師這句話代表什麼含意，直到我聽到證嚴法師說：「這個世間上的所有人都是共業的，只有一個人好，不是真正的好。無緣大慈、同體大悲，每個人都有責任為這個世間盡一份心力，多一個好人，世間就少一個壞人。」

　　現在回想起當年，老師大概是認為我是班上的好學生，但是卻表現出「漠不關心」的樣子，令她相當失望，於是她給我上了一堂震憾教育，這一堂課是再多金錢也買不到的。在我往後的生涯中，我常常想起這一幕，我的人生也不會只顧著自己

好,而是用更多時間去參與志工,去幫助更多需要幫助的人。我曾經在九二一地震發生後,到了南投縣中寮鄉至誠國小去舉辦「安心計畫」的營隊,帶給小朋友們歡樂,也告訴他們有很多人在關心他們,他們並不孤單。

在八八風災時,我也到旗山去付出,當時所有的街道都是泥濘,很多志工不畏辛勞,從早到晚幫助受災的鄉親清理家園。有太多太多人需要我們的幫助了,只要我們不要漠不關心這個社會,這個世界處處是充滿著希望。

一個在放牛班成長的學生,一個不放棄任何一個學生的老師,交織出來的是一份大愛的精神。

● ●

🏰 往好處想的練習

如果我還不知道自己未來要做什麼,感恩焦慮,請往好處想……

㉚ 預測未來最好的方式就是創造它

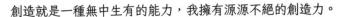

» 凡事往好處想宣言

創造就是一種無中生有的能力，我擁有源源不絕的創造力。

畢業季到了，我常到學校演講，跟大學生分享「創新 X 創業 X 網路行銷」，在我的課程或演講後，常會有一群學生來問我未來要做什麼，他們問的大概都是：「老師，我想做這個好不好？」、「老師，我想這樣做可以嗎？」、「老師，你建議我這樣做嗎？」、「老師，你是否曾懷疑過自己所做的決定？」、「老師，我很困惑，不知道如何做選擇？」

這些問題都跟未來有關，我想說：「沒有人能預測未來，如果你真的想知道，預測未來最好的方式就是創造它！」

臉書創辦人馬克‧祖克柏曾在哈佛大學的畢業典禮上說過：「沒有人從一開始就知道如何做，想法並不會在最初就完

全成型。只有當你實際工作後，才變得逐漸清晰，你需要做的就是開始。」

因此，我常在課程中勉勵學生，你永遠不需要很厲害才能開始，但是你必須要開始才會變得很厲害。

我也永遠無法為你做出任何的選擇，因為你必須為自己的人生做決定，別人跟你說的話，他們都不用也不會為你負責，所以自己的人生自己救。

不用害怕失敗，因為每個人其實都會經歷這個過程，我們真正怕的是後悔跟遺憾。我們後悔的，通常是那些我們沒有勇氣去做的事，我唯一能告訴你的是，如何做出正確選擇的三個步驟：

一、問自己是什麼原因讓你想做這個？

二、沒有做這件事你會後悔嗎？

三、不論結果是好或壞，你願意負起做這件事的結果嗎？

只要這三個條件都符合，Just do it! Just do it! Just do it!

做你喜歡的事有可能會失敗，做你不喜歡的事也有可能會失敗，所以無論如何，選擇一條可以滋養你生命的那條路走，選擇→執行→接受結果→負起責任，這才是真實的人生。

　　讓我再強調一次，沒有人能預測未來，如果你真的想知道，預測未來最好的方式就是創造它！

　　最後分享藝人作家賴佩霞在《我要心動一輩子》一書中提到的一段話：「當我們開始尊重自己的空間，就會明白應該邀請什麼樣的人進來自己的世界。如果對方不會讓我們的人生更美麗、更愉快，真的不用勉強，保持距離反而對大家都好。」

● ●

🏰 **往好處想的練習**

　　如果我對未來充滿不確定感，請往好處想……

❸❶
你如何定義自己的人生？

» 往好處想宣言

全能的宇宙，如果這世界上有好事即將要發生，但是發生在別人身上，那些人又不想接受的話！我現在已經敞開雙臂，我準備好了，我已全然的願意接受，請把一切的美好都給我吧！

有學生問我，為什麼我是一位老師？我想分享一下我的心得。如果你告訴自己，你只是一個媽媽，你就會 24 小時忙著媽媽的事，然後可能一邊抱怨小孩。因為你內心不想只是當一個媽媽，你不想把生命全部都放在孩子身上，你也想要做其它的事，於是越做越哀怨。

如果你告訴自己，你只是一個平庸的人，你就只會待在舒適圈，然後不去挑戰自己的更多可能。但其實你也是有夢想的，你有很多想實現的，你可以平凡但不能平庸。

如果你告訴自己，你只是一個上班族，你就只會準時上下班，也許會期待颱風假，只是為錢工作而沒有熱情。如果你

告訴自己，你只是一個能力不好的人，你就只會怨天尤人，把所有的責任都推給別人，因為你只要説自己能力不好，就沒你的事了。

你只會活出你的定義。你的生活不好也不壞，它只是按照你腦袋所相信的，活成現在的樣子。如果你可以定義自己，我不只是一個媽媽，同時還是創業家，你就會創造自己另一番事業，利用時間開創另一種可能。

我有一個學生，生了孩子之後，為了要幫助家裡能夠增加更多收入，利用網路行銷經營了一個專門賣嬰兒用品的粉絲專頁，現在月營業額百萬元以上。

而如果你告訴自己，我不只是一個平庸的人，你就會活出你精彩的人生，成為你想成為的人、去你想去的地方、不斷的完成自己的夢想。

我另一個學生全身癱瘓，但是她現在可以去跳飛行傘、可以去潛水、可以去當廣播主持人、用下巴推著電動輪椅跑完五公里的馬拉松，他還出了一本暢銷書，已經賣出超過 7000 本。接下來她又創了一間社會企業的公司，她要走到偏鄉去為孩子的生命點一盞燈。

如果你告訴自己，我不只是一位上班族，你就會有更多時間做更多事。

如果你告訴自己，我不是能力不好，只是沒有找到方法，你就會像愛迪生一樣說：「我不是失敗一萬次，我只是找到了一萬種行不通的方法。」

如果你告訴自己，我要成為一位奧運冠軍，你今天會做什麼？重要的是，你是如何定義你自己的？

有人問達賴喇嘛：「關於人性，最讓您感到驚訝的是什麼？」達賴喇嘛回答：「人類，為了賺錢，他犧牲健康。為了修復身體，他犧牲錢財。然後，因為擔心未來，他無法享受現在。就這樣，他無法活在當下。活著時，他忘了生命是短暫的。死時，他才發現他未曾好好活著。」

一個噴泉的高度不會超過它的源頭，而你的成功也不會超過你的定義！你只會活出你定義的人生。

從今天起，給自己一個全新的定義，然後好好的活著吧！

● ●

🏛 往好處想的練習

如果我對未來感到懷疑，請往好處想……

③② 你這一生到底為何而來？

» 往好處想宣言

無論是好是壞，永遠在心裡告訴自己，一切都會過去的，一切都會過去的，一切都會過去的。

我常在課程中問同學這個問題：「十年後你會在哪裡？」

大多數的人都回答：「不知道。」

於是我會告訴他們：「如果你不知道你要往哪裡去，那麼你現在在哪裡，一點都不重要；如果你知道你要往哪裡去，那麼全世界會為你讓路。」

找到人生的使命，是一個持續不斷尋找的過程，但是你必須去找出來。

成功激勵大師安東尼・羅賓説：「聚焦在哪裡，生命就在那裡！」

如何找尋，答案就是關注你生命中「享樂」的部分，你在

從事哪些事，會讓你感到開心、享樂？在做什麼事會讓你全力以赴、甘之如飴？做這些事的同時，有為世界產生貢獻嗎？

如果你是一位房仲業者，每次當你為客戶找到好的物件時，你總會感覺到很開心，因為你將能幫助一個家庭有個溫暖、充滿愛的家。如果你是一位美睫師，你工作時感到快樂、滿足，當每個客戶讓你做完睫毛後，總能重新的好好愛她自己，重新找到人生方向。

我曾經在一個課程中，認識有個剛結婚不久的女性，她說：「我丈夫結婚不久後就因為車禍往生了。我曾經歷一段非常痛苦的喪夫之痛。但是現在我走出來了，我開始帶著他的愛前行，我現在的使命，就是要幫助跟我一樣遇到喪親之痛的朋友，能早日走出傷痛，這就是我此生最重要的使命。」

而我身為一位培訓師，我每次站上講臺總是很開心，因為我的分享，能讓更多人向上、向善。許多人上完課告訴我，他們重新找回人生希望、人生方向，他們要活著做自己。我也經常在一段時間就會收到學生的感謝，而我的生命也因為教學相長而更加感恩、滿足。

「只要你還有呼吸，你就有使命。」而當你找到這一生最重要的那件事，找到你此生的核心目標、使命，很有可能就是你這一生來這世上的意義。

　　臉書創辦人馬克・祖克柏的使命，是連結更多人讓世界更緊密；馬雲創立阿里巴巴的使命，是讓天下沒有難做的生意；華特・迪士尼的使命，是讓世界快樂起來；比爾・蓋茲創辦微軟的使命，是透過資訊設備的普及與網路的連結，將引導人們走向幸福，使企業更具競爭力。

　　每個人都會面臨死亡，但不是每個人都能活得精彩，除非你找到此生的「Big Why」，不然你不會知道此生如何活得很精彩，花若盛開，蝴蝶自來；人若精彩，天自安排。去找到你這一生為何而活的使命吧！

● ●

🏰 **往好處想的練習**

　　如果我還沒發現自己的使命，請往好處想……

③③
第二名變佳作

» 往好處想宣言

我不羨慕別人，因為我靠自己。

當兵時，剛好有機會隨著海軍敦睦艦隊前往海外邦交國，總航程兩個多月，在船上的時間很多，我們到達第一個邦交國諾魯時，已過了 11 天。所有的成員，無論是海軍還是陸戰隊，每天都是按表操課，在船上沒有鬆懈，大家緊鑼密鼓的訓練，為的就是到邦交國表演時，能夠充分展現我們的軍威。身為陸戰莒拳隊員的我，雖然在柏油路做正拳（以雙手握拳的方式做伏地挺身）已經很習慣了，來到船上後，換成在發燙的甲板上做正拳，那才讓我們體驗到鐵板烤肉的痛楚，比在柏油路上痛苦一百倍。

紮實的訓練是為了要有強壯的體魄來保家衛國，我們也努

力的完成了所有的表演任務，在各個邦交國迎得光榮的掌聲，無論當地居民或僑胞，都為我們獻上喝采。

而在船上的生活，每天面對的除了操課外，就是一大片一望無際的大海，有時好幾天的航程也沒能看見一片土地。那種感覺就好像電影《水世界》裡那種期待能找到棲身之地前的寂寞感一樣強烈。也因此，船上長官安排了許多娛樂性活動，讓官兵們能紓解壓力，除了有歌唱比賽、慶生會、過赤道時的迎龍王活動外，每天都還有臺灣新聞的廣播節目（由船上人員充當廣播人員，播放來自臺灣的新聞，讓大家一解思鄉之情）。

另外，藝文比賽也是另一場重頭戲。有著大學學歷的我，自然就被隊長賦予重任，參加攝影及作文比賽。其實我對攝影及寫作都沒有什麼自信，尤其是作文，記得小學、國中的作文成績都很差，也寫不出什麼之乎者也的文言文，成語更是沒懂幾句。但是抱著試試也無妨的心態，我還是參加了比賽。

我以「九一遠訓情，永留在我心」一文參賽，沒想到竟然得了第二名，當成績張貼在公布欄時，我實在感到太驚訝了，還特別拍照留念，並把這張照片留下。然而，這一切的歡欣來得快去得也快，隔天臨時被告知分數計錯，硬生生把我的第二名成績換成佳作，這個打擊令我久久不能忘懷。

隊長隔了幾天安慰我說：「在我心目中你是第一名，沒關

係，雖然結果是這樣，但是很多事連我們自己都無法掌握。別灰心，再接再勵，加油！」

經過了隊長的這番話，稍稍撫慰了我年少受傷的心靈。古人說：「能受天磨真鐵漢，不遭人忌是庸才。」也許我就是人才，才會有這樣的不平等待遇。當然，這個比賽的名次，在我往後的人生鋪了一條作家的路，也才有出這本書的機會。

小小的挫折換來大大的肯定，人生只要不放棄，永遠會有出路。

● ●

往好處想的練習

很用心的參加一場比賽或籌辦一場活動、表演，名次或演出卻不如預期，請往好處想。

❸❹ 你有自信嗎？

» 往好處想宣言

你若真，我就真；你若假，我轉身。是你的不會走，不是你的留不住。

在我的課程中，經常聽到有人說他沒有自信。如果你說你沒有自信，不是你真的沒有，而是在你過去的人生經驗中，有決定做一些事，但也許你失敗了，所以從此你否定了自己，你絕對不是從出生就是沒有自信的，那不是真的。

記得我曾受邀到慈濟的臺南靜思堂，舉辦一場公益演講，大約是 100 位大學幹部，主題是「自信與熱忱」。要分享這個主題，最重要的是讓他們看見改變，於是我在現場問：「沒有自信的人請舉手。」

我找了其中一位沒有自信的年輕人上臺。

我問他：「為何你認為自己沒有自信？」

他說：「我總是覺得自己什麼事都做不好！」

我：「你什麼事做得很好？」

他：「好像沒有耶！我一直是一個沒有自信的人。」

我：「仔細想想，一定有吧！你有沒有發現，你在說你沒有自信這句話的時候，你滿有自信的。你用很有自信的想法，說自己沒有自信。」

年輕人聽了哈哈大笑！

他：「我想到了，我的課業很好。」

我：「是數學還是國文？」

他：「我覺得都很好，我很會讀書！」

我：「那你在學業的領域，你是一個有自信的人嗎？」

他：「我覺得我是。」

我：「很好！你知道你剛才為什麼會說你沒自信嗎？」

他：「不知道。」

我：「因為你要不是跟別人比，就是跟你的過去比，你不會在出生的時候就告訴自己，你是一個沒有自信的人。你只是過去做了某個決定，但也許你失敗了，那個時候開始，你告訴自己，你做什麼都不好；你開始告訴自己，你沒有自信。但是那只是你人生中的一件事而已，你卻把他當全部，否定掉了你的未來。人們總是看自己不好的，曾幾何時，看過自己很棒的

部分。如果你要一條魚去爬樹，那牠這輩子大概都會覺得自己笨得要死，所以你要發揮你的天賦，找到你的天賦與熱情。去看看自己哪些部分很棒，去找出來，並且放大它！」

年輕人若有所思後點了點頭。

我：「那你現在有自信了嗎？」

他大聲喊著：「有！如果你有課業的問題都來找我，我來幫你！」

在全場的掌聲中，他回座了。我看著他的背影，告訴自己，我又種下了一個美好的種子，等到他的種子開花結果的那一天，他會想起這一段經歷的。

不要看自己不會的，看看自己會什麼。賈伯斯不需要是一個很會做麵包的人，吳寶春也不需要是一個發明電腦的人；郭台銘不需要是很會打棒球的人，王建民也不需要是一個很會經營公司的人。找到你的天賦與熱情，再去從事它。

自信就是「自己相信」，無論你相信什麼，你都會是對的。自信來自於自我的評價，你今天打算給自己什麼評價？

看完這一段，你還會說你是一位沒有自信的人嗎？還是你有自信了呢？

還有一次，我到高爾夫球場打球，有個大約 50 多歲左右的大姊當「桿妹」，大姊幫我拿球桿時，我問她：「你在這裡

服務多久了？」

　　她：「二十幾年了。」

　　然後她嘆了一口氣，接著說：「這份工作沒有年輕人要做，我每天凌晨上班，有時晚上七點才能回家，沒有辦法陪伴孩子。」

　　聽到這裡，我的覺醒靈魂就上身了，我開始跟大姊分享，覺醒的人怎麼看自己。上面那段話提到的都是「沒有」，人之所以會痛苦，就是把專注力放在沒有上面。如果你問，這份工作你有什麼呢？得到的回答可能是：我還有工作、我有很多跟老闆見面的機會、我有養育我孩子長大的能力、我有健康的身體可以服務別人、我有好的工作環境（球場真的很美）……

　　你有發現不一樣了嗎？專注在哪裡，生命就在哪裡。

　　你專注在你可以掌握的，還是你無法掌握的？你專注在感恩還是抱怨？你專注在目標還是問題？你專注在未來還是過去？你專注在你想要的還是你不想要的？你專注在你有的還是你沒有的？如果你的選擇是後者，那麼你的人生就會過得很痛苦。

　　你專注在金錢，金錢就擴大；你專注在抱怨，抱怨就擴大；你專注在感恩，感恩就擴大；你專注在障礙，障礙就擴大；你專注在機會，機會就擴大；你專注在愛，愛就無限大。

你專注在哪裡，哪裡就是你的能量，痛苦也許無法避免，但受苦是一種選擇。你選擇專注在哪裡？

● ●

往好處想的練習

夢想成為一個事業上的強人，無奈懷才不遇，只能將就於現在的工作，請往好處想……

❸❺
你快樂嗎？

» 凡事往好處想宣言

小時候快樂很簡單、長大後簡單很快樂。

你快樂嗎？你今天為你的快樂做了什麼？

最近跟幾位學員在探討這個人類討論已久的問題，大家都會說，時代越進步，焦慮感、煩惱、壓力越來越多，已經很久沒有快樂的感覺了。有人說，快樂是一種選擇。和大家分享老子選擇快樂的故事：

老子他在一生經歷過很多極端的情況，他曾因自己從不曾想過的事遭受指控，經歷了很多困難。所以大家問：「你經歷了這麼多磨難，但你卻總是很快樂。你的快樂祕訣是什麼？」

老子說：「哦！這個問題啊！就是我每天早上起床時，我總會有一個問題。這個問題是，今天我應該快樂還是痛苦的度

過？至今為止我都選了快樂，如此而已。」

　　不過也有人說，快樂是一種感覺，別人對我好我就快樂，別人對我不好我就不快樂，所以快樂掌控在別人手裡。如果這個世界上只剩自己一個人，你的快樂是什麼呢？

　　有人說吃大餐很快樂、睡覺很快樂、旅遊很快樂，這些人則是把快樂交給了外在。無論是哪一種快樂，你會發現都不長久，如果坐著很舒服，讓你坐一天你就不舒服了，你想起來站著。然後讓你站三天，你變痛苦，你又想躺著。如果躺一輩子，我相信你會更痛苦。

　　究竟什麼是快樂呢？有句話說得很好：「外求一物是一物，內求一心是全部。」當你開始探索這個問題時，答案就不遠了。

• •

⊞ 往好處想的練習

　　如果我感到不快樂，請往好處想……

❸❻
學習、上課，有用嗎？

> » 凡事往好處想宣言
>
> 學習是成功的捷徑，對於我不知道的事，保持謙卑。

上課就真的能改變生命，有這麼有用嗎？為什麼很多人上完課也沒有改變？還不是打回原形。

今天就來跟大家聊聊這個從事教育十年的我的一些心得。

學習上課就會改變嗎？答案是「不會的」，因為改不改變是由你決定的，不是由老師決定。如果你是找到一位老師，進到他的課室內學習、上課，然後你就期待你的人生會有所改變，這是不會發生的事。因為每個老師只能傳遞給你他的知識，而這些知識如果你不拿去用，當然不會有用。

跟你分享一個佛陀時代的故事。

在佛陀時代，相傳有一位年輕人跟著佛陀修行了很久，看見其他人都有很大的進步甚至開悟，這位年輕人困擾了很久，

就問佛陀說：「為何我無法跟其他人一樣，跟你學了那麼久，還是老樣子？」

佛陀說：「你知道如何從你家走到工作的地方嗎？」

年輕人：「我當然知道！」

佛陀：「那你跟我說一下如何走。」

年輕人：「就從那條路走出去三分鐘，左轉五分鐘，有一條岔路走右邊，再看到巷口彎進去，然後上橋。最後在三公里處有個小攤販那裡右轉，再走五十公尺就到了。」

佛陀：「當你這麼跟朋友說完後，你的朋友就會到了嗎？」

年輕人：「當然不會呀！」

佛陀：「那他要怎麼才能到呢？」

年輕人：「當然是他自己要踏上那條路，親自走一遍才會到呀！」

佛陀：「很高興你懂了這個道理。」

聽完佛陀的故事，你應該可以明瞭，為什麼上課是不會有用的，除非你親自走上講師所說的那條道路。

學習只是「知道」，但親證才是「做到」。

我的課程強調的是一條「知道」到「做到」的道路，我只能告訴你我所知道的，但做到永遠要靠自己，不然就算是佛

陀、耶穌親自教你，也不會有用。

　　第二是所謂的改變，是自己願意改變。沒有任何一個人能令你改變，你才是一切的根源，當你聽到一個好的觀念，對你可能有用的知識，但你卻無動於衷，而別人願意去練練看，行動就能創造結果。

　　信念會創造實相，想法會創造感受，感受會創造行動，行動會創造結果。

🏛 **往好處想的練習**

　　如果我學習但是還沒看到結果，請往好處想……

③⑦
你是一個好媽媽嗎？

» 凡事往好處想宣言

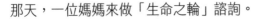

我擁有一雙能看見世界美好的眼睛。

那天，一位媽媽來做「生命之輪」諮詢。

我問：「這次諮詢，你想要什麼？」

她：「我要親子關係能夠獲得快樂。」

我：「現在不快樂嗎？」

她：「不快樂。」

我：「為什麼？」

她：「小孩整天玩手機、玩手作、不做功課，三催四請的才要動，我常因此動怒。」

我：「那你為何要生下他，動機是什麼？」

她：「啊！就不小心的。」

（一陣笑聲）

　　她：「當然就是希望他來到這個世界可以快樂呀！」

　　我：「可是他現在很快樂的做著他快樂的事，然而你卻不快樂呀！」

　　她沉默了一下：「可是他還是得把自己的功課做完啊！」

　　我：「做完功課，然後呢？」

　　她：「然後就可以考上好的學校、找到好的工作，可以養活自己啊！」

　　我：「所以他這輩子就只能有一條路，就是好好用功讀書、然後找工作，養活自己，就這樣過一輩子了？」

　　她：「……」

　　我：「還有別的可能嗎？吳寶春需要很會讀書嗎？王建民需要功課很好嗎？周杰倫需要找工作嗎？」

　　她：「可是，我的孩子不是他們……」

　　看到這裡的對話，你有沒有很熟悉，好像是大多數的父母都是以這樣的標準在養育孩子。

　　前幾天有兩則新聞，一是綜藝天王的孩子犯錯，一是讀臺大的孩子休學然後結束生命。

　　綜藝天王說：「生、養、教、陪，哪一樣沒做到？」

　　臺大孩子父親說：「無法阻止她的離開，是我這一生的

遺憾！」

　身為父母，我們好像總有一些無奈，我明明都做了，但為何孩子還是這樣？

　答案是：我們從未支持孩子做他自己，我們其實都把自己做不到或是還沒做到的框在孩子身上，然後期許他實現這些。

　要談論這個議題之前，我們要先問問自己，我們來到這個世界，到底在追求什麼？生命的意義是什麼？你為何而來？為何生孩子？你想要得到什麼？這些問題，其實都沒有標準答案。

　我很喜歡一句話：「人生，各自精彩。」

　這個世界，並非只有一種答案、一種可能。我們來到這個世界的那一刻，是空的狀態，但我們的大腦開始裝進了父母的期待、學校的教育、社會的觀點、世界的共同意識，於是我們可能會開始認為「萬般皆下品，唯有讀書高」、「賺錢是很辛苦的」、「不努力就不會有結果」、「要出人頭地」、「要三從四德」……

　然後，不斷的問著：「然後呢？」

　出生然後呢？讀書。

　讀書然後呢？國小到大學，再到研究所。

　研究所然後呢？出社會找工作。

找到工作然後呢？賺錢等待升職。

賺到錢或沒賺到錢然後呢？等待著退休。

退休然後呢？有時間旅遊。

旅遊然後呢？進入了身體退化、生病。

生病然後呢？生病然後就死了。

這一生在這個「然後呢？」沒完沒了，到底究竟是什麼？值得我們好好深思。

有一次的公益演講，有幾位大愛媽媽問我有關孩子的問題，一併跟大家分享。

第一位媽媽問我：「我的孩子大四，為了學校的專題，他很認真，但卻沒有做好，因此被老師罵了一頓，他心情很不好，請問我如何教導孩子？」

我：「情緒就只是情緒，當孩子有情緒時，不用急著安撫他，就只要陪伴在他身邊，讓他知道有媽媽的支持，就是最好的方式。人們通常會壓抑情緒，這是孩子很棒的功課，曾有一個年輕人在學校被老師罵這輩子沒出息，而他因為這句沒出息，這三十年來奮發圖強，最後考上教授，成為知名大學的校長，請問，這個孩子會恨當年的那位老師嗎？」

她：「感謝他都來不及了吧！如果沒有他當年的那句話，這個孩子不會是現在的成就。」

　　挫折就是年輕人最好的禮物，做父母的要去引導孩子發現，這件事對他的好處是什麼？

　　第二位媽媽問我：「我的孩子現在出社會工作，有一份很穩定的工作，但是他很想去創業，當一個音樂家，我該支持他嗎？」

　　我：「如果你是你的孩子，你希望父母支持你的決定嗎？我想答案很清楚，他有想過他的人生到底要從事什麼，但是大多數的孩子都不敢為自己的未來冒險一次，因為他們的父母通常教育孩子要好好的用功讀書、找一份穩定的工作，直到死去前才會覺醒，才會後悔這輩子沒有過自己想過的生活。」

　　「每個人都有自己的天賦，沒有什麼是一定好，也沒有什麼是一定不好。但如果你要一條魚整天去爬樹，牠大概終其一生都會覺得自己是笨蛋。如果你孩子去做音樂家，最差的狀況會是什麼？如果死不了就還好，讓他做自己吧！孩子不是你的，你只是把他生下來，讓他的天賦自由吧！這位媽媽，放下你的擔心，放棄你控制孩子的想法，就只是讓孩子為自己的人生勇敢一次。」

　　第三位媽媽問我：「我問我的孩子他長大想做什麼，他說他只想吃喝玩樂，其它的都不想，我該如何是好？」

　　我：「告訴他，你真是太棒了！我也想要吃喝玩樂，來

告訴你娘，你想吃什麼、喝什麼、去哪玩樂。不要一開始就阻止他的想法，更重要的是引導他去思考，他說的話是真的嗎？還是他只是還沒發現自己要什麼而隨便說說的？先成為他的朋友，而不要成為孩子的老師。」

如果孩子「吃」得苦中苦，「喝」四神湯──知足、感恩、善解、包容，去老人院、育幼院「玩」，並且「樂」在其中，這樣有什麼不好？好好的去吃喝玩樂吧！

人生沒有任何一個事件是沒有意義的，凡事都是在讓我們學會如何「藉事練心」，如果你不願意去看見每個人的不容易，你就走不進人們的心裡。

又有一次演講後，有個大學老師跟我訴苦她跟孩子的相處：「現在高中的小孩很難教，我的孩子因為沒有手機，但是他的同學都有，於是他回來就跟我吵：『為什麼我同學都有手機，我卻沒有？你既然把我生下來，你就要負責養我，供應我一切，不然就不要把我生下來！』」

「我告訴他，學生就好好讀書，買什麼手機，有手機就只會玩線上遊戲，荒廢學業，不要再說手機的事了！於是我們母子每天就在這樣爭吵的家庭氛圍中日復一日，達宏老師，我怎麼辦？」

我問這位老師：「你沒有教過孩子性教育對嗎？」

老師：「嗯！這跟性教育有什麼關係？」

我：「當然有關係，如果你不教性教育，孩子就會認為是妳把他生下來的。我會說，謝謝我親愛的孩子，不是我把你生下來，而是當初你跟幾億個精子競爭，你自己選擇當冠軍，一路告訴自己『衝、衝、衝』來到這個世界的，你跑了第一名，自己決定要來到這個世界的，你只是忘了。」

接著，我跟她分享情境對話：

媽媽：「你想要有手機，我一定是全力支持你的，只是媽媽要問你，錢從哪裡來？」

孩子：「妳有呀！」

媽媽：「是呀！媽媽每天辛苦出門工作，賺的薪水要支付家裡的房貸、開銷、生活費、你的學費、保險……，加上最近受疫情影響，許多人都沒有收入。我沒有多餘的錢來買你的手機，如果有媽媽一定也想讓你擁有，不過媽媽跟你一起想辦法。你想買什麼手機？」

孩子：「蘋果 iPhone。」

媽媽：「多少錢？」

孩子：「大約 2 萬多。」

媽媽：「你有想過你也有能力創造出來這樣的錢嗎？」

孩子：「怎麼做？」

媽媽：「在學校裡有很多工讀的機會，甚至比賽機會，如果你去工讀或參加比賽得獎，你就會有獎金。現在也可以當YouTuber、在網路上銷售商品……，有太多種方法可以創造收入了。」

孩子：「那為什麼我同學的媽媽都買給他們？」

媽媽：「那是因為，媽媽相信你比他們擁有更大的能力與更好的未來，你想想，如果孩子只要開口就什麼都有，那孩子學到了什麼？」

孩子：「予取予求。」

媽媽：「是的！但真實的世界並不是這樣運作的，沒有那麼簡單的事，只要開口就會有。錢不會從天上掉下來，錢是創造出來的。因為媽媽相信你是一位有價值的人，未來要成就一大事業的。你願意自己『創造』出一支手機嗎？證明給自己看，你是有能力的。」

孩子：「好，我明天就去看學校有什麼工讀機會，我也會開始創造。」

媽媽：「媽媽手機也想換了。」

孩子：「沒問題！媽，你的手機我買給你。」

媽媽：「你真是我的好孩子，媽媽愛你。」

這是我跟大學老師分享的對話，很不一樣對嗎？

方法很簡單，就是永遠先說對方想聽的，再說你想說的。人喜歡被肯定，不喜歡被否定。

他想買手機，你就跟他說太棒了。

他想交女朋友，你就說太棒了。

他想玩遊戲，你就說太棒了。

不管是什麼，先跟他站在一起，而不是站在他的反方，這樣才有機會溝通。

我們怕的不是手機，而是他不知道如何善用手機及時間。

我們怕的不是女朋友，而是他不知道如何愛與被愛。

我們怕的不是玩遊戲，而是他不知道生命的可貴。

為人父母，最重要的，是能夠陪伴、引導、啟發孩子。陪伴他經歷人生的一切，無論好壞；引導他能開拓人生視野、遇見生命的良師益友；啟發孩子找到使命、活出自己。

下次，別再站在孩子的反方了，跟他站在一起，你會發現愛就在那裡！

• •

🏰 往好處想的練習

如果我的孩子沒有照我的期待去做，請往好處想……

38
把「應該」從你的人生拿掉

» 凡事往好處想宣言

沒有應該，只有選擇，我愛我所選擇、選擇我所愛，並完全的負
起責任。

我們的恐懼來自於「框架」，我們從小被教育應該要有
錢，才能怎樣怎樣。應該要工作，才能有錢生活；應該要結
婚，才能完整人生。

身為人，「應該」這兩個字常壓得我們喘不過氣來。

為了健康，我應該要去運動。

為了賺錢，我應該要去工作。

為了孩子，我應該要更堅強。

為了父母，我應該要更孝順。

這些「應該」，是否讓你感到沉重的感覺？還有更多「應
該」呢！

你是我的老婆，你應該為我煮飯。

你是我的老公，你應該要更懂我。

你是我的老闆，你應該給我加薪。

你是我的朋友，你應該要支持我。

這下是不是又更沉重了一點？

「應該」在字典上的意思是：情理上必然或必須如此，不應該試圖逃避責任。

當我們活著的時候，把身邊的人、事、物都視為理所當然時，你就已經忘記了感恩了。

沒有人應該要為你做什麼！

沒有人應該要為你做什麼！

沒有人應該要為你做什麼！

包含你的父母，別把責任都推給了別人。

那麼我們要怎麼做呢？從今天開始，把「應該」改成「選擇」。

為了健康，我「選擇」要去運動。

為了賺錢，我「選擇」要去工作。

為了孩子，我「選擇」要更堅強。

為了父母，我「選擇」要更孝順。

有了選擇，看起來更有力量了吧！人生就是一連串選擇而

組成的。沒有什麼是對的選擇，只有你的選擇。

有人說，聰明是一種天賦，善良卻是一種選擇。為自己的選擇完成負起責任，活著就是為了要感受幸福跟快樂。別說你別無選擇，當你說這句話時，其實你又做了一次選擇。

把手放在自己的胸口說：「我的人生，我永遠有選擇。」

● ●

🏰 **往好處想的練習**

如果別人覺得我做的事都是應該的，請往好處想……

❸❾
永遠不要羨慕別人

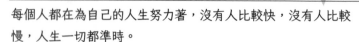

» 凡事往好處想宣言

每個人都在為自己的人生努力著，沒有人比較快，沒有人比較慢，人生一切都準時。

你在 FB、IG 社群上，看見別人到處旅遊、享遍美食，好像不用工作，不用付出代價，就能擁有這些，你也許會心生羨慕。但真相是，你根本不知道別人的人生是怎麼一回事。

他們也許經歷了許多困難、挫折、苦難、努力，才走到今天這裡，而這些背後的辛酸，是你難以看見的，你所能看見的，都是別人選擇讓你看見的。FB 上大多數人的人生都是包裝過的，就如同大多數人是戴著面具在生活的，他人的真實人生，你真的不懂。

每個人的人生，都有不同的課題要面對，也許他的事業很成功，但一直有健康困擾；也許他常旅遊，但一直感到孤單；

也許他很有錢，但家庭缺乏溫暖。你不必羨慕別人，你只要活出你自己的樣子就好。

去看看自己所擁有的，而不是沒有的；去專注自己能控制的，而不是你不能控制的；去發現生命中的美好，而不是生命中的狗屁倒灶。

把手放在胸口說：「我不羨慕別人，因為我靠自己。」

如果你發現，別人做得比你更好，記得隨喜他、祝福他。

● ●

🏰 往好處想的練習

如果我發現別人有，我沒有，開始羨慕別人，請往好處想……

❹⓪
夢想會改變，沒做永遠不會實現

» 凡事往好處想宣言

夢想是拿來實現的，如果我不能，我就一定要；如果一定要，我就一定能。

每個人都曾有夢想，女生小時候許願時，願望是我以後要當護理師、我要當老師、我要當祕書、我要當女強人……

隨著年紀越來越大，願望也會跟著改變。當護理師說會怕血、怕打針；當老師說現在學生不好管，而且要有隨時被家長告的準備；當祕書雖然可以打扮得光鮮亮麗，但哪一天突然發現自己年華飛逝，只靠外表、缺乏內涵，這樣好像也不長久；而女強人事事都要靠自己，壓力大呀！

於是現在的願望變成嫁個有錢人當貴婦、一入豪門深似海，當然這也許是少數女生的願望，大多數還是希望能有個穩定的生活、工作、家庭、健康等較為實際的心願。

前幾天我在整理我的香草園時，就讀國小六年級的外甥女跑來跟我聊天，她一邊聊著她在開心農場裡的趣事，一邊在旁邊找幸運草。我轉頭說：「幸運草四葉的很難找，不然怎麼會叫幸運草呢！」

她答：「不會呀！我在學校裡常看到四葉的幸運草。」

一轉頭，她手上已經拿了一片四葉的幸運草說：「舅舅，你看四葉的！」

不一會兒，她又找到五葉的幸運草，約莫十分鐘，她已找到了六朵四葉幸運草了。是環境變遷了嗎？還是地球暖化造成的變化，怎麼跟我印象中幸運草很難找得到不一樣呢？

先不管這些了，我跟她說：「你找到這麼多幸運草應該很幸運，你有沒有許願呢？」

在一抹稚嫩的微笑後，她說：「有啊！可是那些願望都沒有實現。」

我問：「那你許什麼願呢？」

她答：「我許願說我想當個公主，住在城堡裡，可是都沒有實現，所以我都不許了。」

此刻我除了傻笑外，說不出一句安慰她的話。

當然，願望這種事也是男女有別，男生小時候可能想當無敵鐵金鋼或是超人、醫生，長大後才發現這世界上沒有木蘭

飛彈，也沒有在電話亭中就可變身的超人，醫生更不是人人都考得上的，於是在大學中「由你玩四年」後，也不知道未來該做什麼。

夢想是會隨時年紀的增長、環境的變遷、時代的背景而改變的，但無論如何，假如只是想而不做，夢想是永遠都不會實現的。證嚴法師說：「說一丈不如行一寸。」、「站在半路比走到目標更辛苦。」在在都是在告訴我們，唯有身體力行去做，才能真正有收穫。

凡事往好處想，雖然夢想有時候距離現實很遠，但是我們還是要努力去夢，因為那是人生動力的來源。看看陳樹菊阿嬤的夢想，她要存 1000 萬元來成立基金會幫助窮人。她很有錢嗎？沒有，她只是一個每天早起到菜市場賣菜的平凡人，但因為有夢想，她每天都動力十足，為了圓一個慈善、公益的夢。

再看看臺灣之光──世界高爾夫球球后曾雅妮，她從 5 歲開始打球，夢想就是成為世界第一。她有過人之處嗎？我不知道，但我知道這是她用十幾年時間努力不懈、克服種種困難及犧牲玩樂時間得來的成果。因為有夢，她們築夢踏實。

而在我的身旁，充滿了許多有夢想又有行動力的人，他們不發大夢，只發大心。用愛走入人群中，幫助需要協助的人們，伸出雙手撫慰苦難眾生，讓他們的人生再度有了希望。

　　俗語說：「一枝草，一點露。」上天把你關了一扇門，同時也會再為你開一扇窗。不要停止你的熱情與夢想，勇敢的試，試出自己的本領，人生永遠不是得到就是學到。

- -

往好處想的練習

努力的存了一筆錢，卻不到一星期就因為有些因素沒了，請往好處想。

往好處想的「職場」觀

我們來到這個世界，不只是來工作的，

我們有很重要的事要完成。

這一生有兩天很重要，

一是出生的那一天，

一是找到為何活著的那一天。

❹❶
失業人生更精彩

» 凡事往好處想宣言

最好的都還沒有來，保持樂觀、相信美好在前方等我。

有句話說：「畢業即是失業。」也有人是在職場起起落落，不是被公司裁員就是自願離職，也是失業。不過，無論是哪一種失業方式，一定要讓自己人生過得精彩。

在職場的這十年中，我也自行離職過四次，每次都有不同的原因，工作超時、同事沒有向心力、公司未來沒有發展、與自己想圓的夢不符等等。

不管是什麼原因促成的，其實最重要的是心靈那個自我聲音，催促著我去完成人生更重要的事，於是乎，每個階段我都去完成了自己想要做的事。

第一份工作離職時，我告訴自己一定要在某個領域有傑出

的表現。三個月後，我轉戰金融業，一個工科的學生跳到金融業，從沒有證照到考上兩張專業證照，業績還一飛衝天到全分公司第一名。我沒有任何有利的條件，只有不認輸的精神。

回想起那段日子，收盤拜訪完客戶後，就是我看書的時間，每天都到圖書館去用功讀書。此時不是為了得名，而是為了要取得自己專業上的證照。常常題庫背了又忘、忘了又背，雖然辛苦，但我非常清楚，在職場上你沒有本事就無法擁有一切的道理。

在金融業待了兩年多的時間，我的表現受到主管肯定。打算離職那天，主管與我懇談了一個下午，強力慰留，但是我辭意甚堅，主管也只好送上祝福。

離開了每天漲漲跌跌、心情起起落落的金融業後，我開始充實我的電腦專長，後來被一間電腦資訊公司邀請去當業務人員，我又從金融業跳到資訊業了。

有人問：「你這樣跳來跳去不是無法累積職場實力嗎？」

我說：「不管我跳到哪裡，我都在每一個階段累積不少實力。」

還有人問：「你不怕失業後找不到工作嗎？」

我說：「如果你有自信、願意不斷學習，工作會多到你挑不完！」

常看到很多人在失業後就一蹶不振，每天無所事事，日子過得渾渾噩噩，從來不肯用心與自己對話。其實人生就掌握在你自己手上，混日子也是一天，精進學習也是一天，前者當然會一事無成，後者前途無限，你想當哪一種人？

「機會是留給準備好的人。」我非常認同這句話，但我更覺得有時候機會是要自己去爭取的。

在我離開資訊業後，我又開始投資自己去學習。在這個領域學有專精後，我開始毛遂自薦到職訓局、到救國團甚至工研院的單位開課。

當然有時也會被拒絕，不過事在人為，只要肯用心，總會有人肯定你的能力，於是乎我從學生轉變為講師，如果我沒有失業，現在的我仍然是一位員工。

我也是在失業後，開始動了寫書的這個念頭，現在失業也成了我的文章題材之一，你說失業精不精彩呢？答案與結果完全取決於你。

失業真的一點都不需要擔心，只要保持上進的心，不斷的學習，充實自己，甚至放下一切去環島，讓心靈好好沉澱都很好。隨時準備好下一次上場的機會，當場上的鎂光燈一亮，此刻的我又是一個充滿自信、活力的巨星。

● ●

🔲 **往好處想的練習**

如果我失業了,請往好處想⋯⋯

❹❷
找到自己的天賦

» 凡事往好處想宣言

我總是能找到熱情，我總是能發揮天賦，我是一個獨一無二
的靈魂。

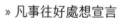

人的一生汲汲營營想要賺錢，讓生活變得更好，也因此
陷入了上班、下班、回家、睡覺的無奈漩渦裡。生活有變得更
好嗎？有賺到更多錢嗎？或許答案因人而異，但別忘了賺錢的
目的，就是要讓家人跟我們過著幸福快樂的日子，如果賺到錢
了，家人卻不幸福、不快樂，反而就本末倒置了。

在現代的教育觀念裡，父母還是希望兒女努力用功讀書，
畢業後才能找個好工作。但是在二十一世紀的現在，讀書已經
不是唯一的一條路了，我們看看周杰倫，他學歷是淡江中學音
樂科畢業，然而現在成了亞洲天王，出唱片、拍電影、當導
演、開餐廳，成就非凡，還上了《時代》雜誌，成為 2011 年

全球百大影響人物網友票選第二名。

再來看看世界第一名麵包師傅吳寶春的故事。在他的著作《柔軟成就不凡：奧林匹克麵包師吳寶春》一書中提到，他國中畢業後就不再升學，到臺北當麵包學徒，踏上麵包師傅之路，並從經驗中學習技術和經營管理。

在當了十幾年的傳統麵包師傅後，吳寶春因緣際會接觸到新式麵包的世界，開啟了他對麵包美味的追求。為了做出心中充滿幸福滋味的麵包，他也多次赴日本進修學習。

2005 年，吳寶春受喬禾國際之邀，組隊參加有「麵包界奧林匹克」之譽的樂斯福麵包大賽，並創下臺灣盃第一名、亞洲盃第一名、冠軍盃第二名的世界殊榮。用來參賽的酒釀桂圓麵包，更是熱賣了十幾萬個。

另一位臺灣之光王建民，大家又更熟悉了，連續兩年拿下美國職棒大聯盟十九勝的投手。雖然後來受傷，但經過兩年多的復健，他又重返大聯盟，繼續在他的棒球領域中發光發熱。

我想說的是，讀書當然重要，但更重要的是要發掘自己的天賦。有一則故事是這樣說的：

有一個禪師問一個年輕人，黃金跟泥土你要選擇哪一個？年輕人不假思索就回答：「當然是黃金呀！」

禪師說：「那如果你是一顆種子呢？」

　　所以，不是每個人都可以創作音樂、製作冠軍麵包、到大聯盟投球，但是每個人都有自己的專長，找到你熱愛的事物好好發揮，有一天你也會是臺灣之光、世界之光。

　　儘管你是一粒砂，也要活得精彩！

● ●

🏰 **往好處想的練習**

　　如果我找不到熱情，請往好處想……

❹❸
騎驢找馬

» 凡事往好處想宣言

談判是為了創造雙贏，我的人生可以都贏。

　　同事小明是一位工程師出身的技術人員，三個月前興匆匆的來公司說要應徵業務。我面試他時，問了他幾個問題：「第一，你為什麼要當業務？第二，你覺得業務需要具備什麼樣的條件？第三，為什麼你覺得你適合當業務？」

　　小明用一貫很慢的口吻說：「因為我覺得業務很帥，然後可以上臺簡報，認識很多人。而業務需具備的條件就是要積極，不畏困難，我有強烈的信心，也做好了準備，所以很適合當業務。」

　　在經過了一番的面試後，我考量他有工程師的背景，來當業務能對產品有更深入的了解，而錄用了他。經過了一連串的

業務訓練後，實際讓他上戰場，起初一個星期，果真很積極的開發，但是業務工作哪有那麼容易，一下被掛電話、一下又被舊客戶罵。還沒有到客戶那裡簡報，就已經碰了一鼻灰，信心大打折扣。

發現這樣的事後，我與小明深談了一會兒，希望加強他的信心，後來他在業務上也漸入佳境。

不過好景不常，在公司引進了新的產品後，因為不是他心目中想銷售的產品，推廣了一個月又沒有成績，此時小明對公司已開始產生了不滿的情緒。除了把主管交代的事當成耳邊風外，上班也常在上網，心思完全不在公事上。

某天小明不但沒有進公司，也未填寫外出單，我緊張了一下，趕緊打電話給他，連續一個小時他都未接電話，於是我問了其他同事。

同事說他好像有說要去一個客戶那邊，不過依我的判斷，他應該沒有去，於是我撥了通電話給客戶，客戶那邊的回應是沒有。正當我想再撥電話到他家時，小明出現在辦公室了。此刻的我心想，等會兒我倒想聽聽他到哪裡去了，一進會議室，我開頭就問：「早上去哪裡啦？」

小明支支吾吾的說：「就到某某客戶那邊了！」

我：「喔！去這麼久呀！花了三個小時。」

　　小明：「對呀！因為昨天他們有反應問題，今天去了解一下。」

　　我：「嗯！你為什麼都沒有跟我說，你知道我很擔心嗎？」

　　小明：「……」

　　我開始心裡想著這不是真話，我只好再問一次：「早上你去哪裡了？」

　　小明結結巴巴的說：「到某某客戶那邊。」

　　我：「你確定？」

　　小明：「嗯！就有繞過去一下。」

　　我：「然後呢？去哪裡了？」

　　小明：「繞去客戶那裡，然後他們不在，所以我……」

　　我：「所以你去網咖還是去面試？」

　　小明：「我不玩遊戲的。」

　　我有點耐不住性子問：「那你到底去哪裡了？我打電話到客戶那邊，客戶說你根本沒有到訪。業務最重要的就是誠信，你到現在還不說。我多麼擔心是你家裡有什麼狀況，或是你出去發生了什麼事情，我怎麼跟你家人交代！」

　　小明：「……」

　　我：「到底去哪裡？」

小明此時才吞吞吐吐的説：「我去面試了。」

我：「還真的被我猜中，為什麼連説一聲都沒有呢？」

小明：「這種事怎麼能説！」

我：「所以你就放空城計，好吧！既然你無心想要留在這邊，那麼就做到今天吧！我也不想留你，你自己好好想想。」

小明面有難色的説：「不能留到我找到工作再離職嗎？」

我：「如果你是老闆，你會同意嗎？」

小明一心想換跑道，又不請假去面試，這樣實在不明智。如此一來，不但沒有賺到新工作，反而對他個人的信譽傷害至深，得不償失。

往好處想，小明雖然做出了違背職場倫理的事，但是站在客觀者的角度而言，他還懂得換跑道，而不是一直在原公司浪費時間、浪費生命，對他而言是對的選擇。

而公司也不用繼續花錢養不適任的員工增加開銷，卻無法提昇業績。

可謂：「工作不是生命的全部，在人生路上，要勇於追求自己的理想，生命才有價值」。若能思考周詳，利用晚上或請假去面試，就可以兩全其美，事業、信譽兼顧，換個跑道又是一個新的職場人生。

● ●

🏰 往好處想的練習

如果我不喜歡我現在的工作，請往好處想……

④④
一時失意別灰心放棄

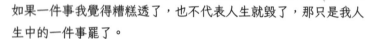

» 凡事往好處想宣言

如果一件事我覺得糟糕透了，也不代表人生就毀了，那只是我人生中的一件事罷了。

從小我的成績就非常好，經常名列前茅，但是無奈國中入學能力分班的一次測驗失常，從此被編到放牛班。看著別的同學編到資優班時，心裡坦白說有一點失落，而更多的是羨慕。不是說資優班一定比較好，但是在我們那個年代，父母親總是會比來比去。幸好我父母倒是很開明，沒有說任何一句話，只有默默的支持我，要補習、要進修全都支持我。

國中畢業後，因為聯考成績不理想，我考上當時在高雄不算排名在前面的一間職業學校，而且我的分數只能報得上汽車科，也就是俗稱的黑手。讀了一、兩年後，我的成績在班上不是第一名就是第二名，每次要考試總是讀到凌晨，也拿到了乙

級技術士、丙級技術士、二級技工執照等，還在技能比賽中獲得前三名。

　　雖然如此，我對汽車科實在一點興趣都沒有。畢業時，我以全系第一名成績畢業，然而我卻沒有很開心，只是覺得茫茫人生，到底我真正想要的是什麼，當時的我一點頭緒也沒有。

　　這三年因為一心想要考取大學，我還一直去補習班補習，當時汽車科的第一志願是臺灣科技大學，但是我大學聯考又沒考好，只考取了一間私立的專科學校，這對我而言是很大的打擊，不但是面子問題，還是裡子問題，因為私校學費很貴。

　　幾經思量後，我向父母提出了重考的要求。這一整年的高四生涯，可以說是沒有假日可言，每天不是在補習班就是去圖書館，有一句廣告詞大概可以這樣套用：「我如果不是在補習班，就是在去補習班的路上。」這一年，我沒有與任何朋友聯絡，因為怕人家問起，說自己重考總是覺得面子掛不住。

　　一年後的聯考終於到來了，雖然沒有考上四技，不過倒也考上了國立的二專「虎尾技術學院」（現已改制為科技大學），我還是就讀汽車相關科系，然後一樣沒有興趣，當然也不知道是否還有其它選擇，於是就在大家「既來之則安之」的安慰劑中又過了兩年。

　　這兩年也是我人生開始轉變的兩年，我開始過著大學生

的生活，聯誼、社團等活動。也不知道為什麼，我竟然去跟人家選系學會會長，我永遠記得第一次站上升旗臺，對著所有系上老師、同學發表我的競選政見時，雙腳不停不停的顫抖，我根本就記不得自己說了什麼，所以我沒選上會長，只能當副會長。不過這也是開始了我人生管理經驗中，一個重要里程碑。

玩歸玩，該認真的時候還是要認真，到了二上的時候，班上的每個同學又開始補習準備二技考試。當時我實在是對汽車科沒有興趣，但是一樣的狀況又發生了，我不知道我能改變什麼，只好告訴自己，我不要再補習了，我要靠自己，如果考上了我就去讀，如果考不上就當兵去吧！

於是我又開始過著發奮圖強的日子，記得那年的端午節，我帶著課本到學校念書，空盪盪的校園裡只有我一個人，突然看到窗外有一家人和樂融融的吃著粽子，野餐的模樣讓我突然好想家，此時也才能體會到什麼是「每逢佳節倍思親」。

皇天不負苦心人，故事都是這樣演的，我接到郵差送來的成績單，順利考取了當時汽車科的第一志願屏東科技大學。我想是我貼在房間牆上的那一句標語：「我一定會考上屏科大！」發揮效果了，這就是潛意識的力量。

不過好運不常，就在填志願的前一天，我從高雄來到虎尾的路上，被一個剛下班的警察撞到，左腳拇趾指開放性骨折。

我也要在這裡非常感謝我的室友張勝忠及同學徐培珉，是他們一路協助我，揹著我到雲林科技大學填志願的，沒有他們我可能就不會有學校可以讀了。我也常在演講時分享這一段經驗，告訴大家，我們不知道何時會需要別人的協助，因此平常就要跟別人廣結善緣。

來到屏科大之後，我的社團活動更活躍了，我在一年內擔任了車輛系學會會長、工學院副主委、學校膳食委員會執行祕書和慈青社美宣組長，我同時參加了四個社團，分別是慈濟大專青年社、美宣社、英研社及吉他社。

在系學會會長任內，陸續舉辦了風雲車展、耶誕舞會、全國第一屆大專車輛盃等大型活動，也因為九二一大地震震出了我的愛心，開始參與慈濟大專青年的活動。

雖然如此忙碌，我的成績依然保持很好，我以第四名的成績成功申請到學校第一屆美國華盛頓州立大學姐妹校參訪團車輛系代表，也謝謝古源光校長，帶領我們所有的團員到美國去開啟國際觀。

而就在要畢業前一年，所有的同學又開始準備研究所了，這個時候我告訴自己，我絕對不要再就讀我沒有興趣的科系了，人生總要有勇氣做一次對的選擇，於是我決定去考企管系。當時有名的企管系，例如成大、政大、中山等學校我都去

報考了，每當口試老師問起企管系的專有名詞時，我都一問三不知，所以，想當然是沒考上的。其實沒考上我也很開心，因為我為我的人生做出了一個重要的決定。

　　求學的故事就說到這裡，後續的故事才是重點。我的人生開始不斷的大量學習，正因如此，就在我創業的第一年，不但行政院新聞局、青輔會、職訓中心、救國團及各大專院校邀約我去當講師，就連成大企管系竟然也來電，邀請我到成大跟企業界的老闆開課。這一切的一切都不在我的預料之中，我只是認真的把該做的事做好，發揮人生的使命如此而已。

　　哈福‧艾克告訴我們：「當你的使命確定後，宇宙就開始幫你了。」所以人生一時的失意不要灰心、不要放棄，我從放牛班都可以闖出一片天地了，我能你也能！

- -

往好處想的練習

　　如果我感覺到挫折，請往好處想……

❹❺ 逆向思考、創意不老

» 凡事往好處想宣言

我擁有一個創意的腦袋，時刻都有好點子。

看到這個主題，大家有沒有覺得很奇怪，本書不是強調凡事往好處想的正向思考嗎？為什麼會提到逆向思考呢？

我要先說明一下，逆向並不等於負向，它是一個創意來源必備的元素。很多時候我們的人生如果逆向一下，也會激盪出很多不同的火花。

有很多面向，我們可以應用「逆向」來發揮創意或是改變生活。舉例來說，如果你每天都走同一條路上、下班，你所看見的世界是一樣的，你的大腦早已習慣了這條路，你可能不會注意到，原來你周遭的事物這麼美、這麼特別。

我常常會走不一樣的路回家，也因此常常有意外的驚喜，

並發現很多美好的事物。記得有一次下班時，換了一條新的路走，沿途我竟然看見了美麗的夕陽從海的那端向我迎來，夕陽就像蛋黃酥那般。看著美麗的夕陽，整個下班的心情好很多。此時的我，通常會把腳步慢下來，欣賞這短暫的美景，那是我當天最好的紓壓時刻。這是我從來沒有過的體會，只因為換了一條路回家。

還有一次，我也是走另一條路回家，剛好遇到幼兒園的小朋友，看到每個小朋友臉上的笑容及赤子之心，不自覺的自己臉上也微笑了起來。幸福就是這麼容易。

用逆向思考，還可以激發出很多不同的火花，想一些天馬行空的問題來問自己，我們的大腦就會給你不可思議的答案。有創意的人通常是不滿於現狀的，舉例來說，我們可以天馬行空的想：水能不能當車子的燃料、手機能不能隨時放大縮小，要看電影時就放大，講電話時就縮小、車子能不能飛起來、椅子能不能聲控、電子鍋能不能自動煮菜、電視能不能放大縮小帶著走、眼鏡能不能自動防霧及調整度數、不用電就能吹的冷氣……

看到這裡，你可能會覺得，這些東西怎麼可能做得到？但是在萊特兄弟發明飛機之前，也沒有人相信人類可以在天空飛；愛迪生之前，也沒有人相信有會發亮的燈炮。所以沒有不

可能，只有不相信。

「相信就會看見」，如果我們想要有創意，就必須常常訓練自己有不同大眾的思維，常常練習，創意就會源源不絕。

逆向不是負面，而是換個角度、方向來看世界，你的人生也會過得更加精彩。偶爾讓自己走一條不一樣的道路回家吧！你會有意外的驚喜喔！

● ●

🏰 往好處想的練習

如果我沒有創意，請往好處想……

④⑥
勇敢創業吧

» 往好處想宣言

人生沒有彩排，每一天都是現場直播；生命不會重來，每一刻都值得活出精彩。我只會活一次，我值得、我值得、我值得擁有美好的人生，如果我不滿意現在的生活，那我就下定決心改變它，直到我活出我要的生活。

根據青輔會統計，有超過七成的民眾想創業，其中 23 到29 歲創業意願最高。而問到為什麼想創業時，以回答創造致富機會的最多，其次是想滿足企圖心跟成就感，然後才是想藉創業期待獨立自主。

再問到創業家最需要何種特質時，受訪者回答，首先得具備累積人脈資源的能力，其次是掌握產業脈動速度，第三要有冒險性格，第四要能忍受挫折。

看到這一段統計，是否又勾起你內心的創業夢呢？為什麼講「夢」呢？因為大多數的人只敢想不敢做。我跟大家一樣，

有過一段很長的夢想創業的日子，但是我什麼也沒有做，一晃眼就是十年青春過了，我依然是原來的我。

為什麼要創業？每個人的答案不盡相同，我自己則是有一份不認輸的精神，總覺得我有很多點子，應該去實踐。我也想做自己真正想做的事，而不是聽命於人。

於是從高中起我就一直想著，有一天我一定要創業，但這十年一直不知道我到底能做什麼事業，我的興趣、專長是什麼？我遍尋不著，也不知道怎麼開始，只知道大家說創業風險很大……之類的。

這十年只要到書局，看到創業類的新書時，我大部分會買來看，看完依舊回去當個上班族，我還是找不到方向。直到2011年9月，我去上了哈福‧艾克的《有錢人想的和你不一樣》的課程後，我報名了「量子飛躍」的課程，這是一個結合創業、找到自我使命、如何面對恐懼、網路行銷、講師培訓等五大主題的一個課程。

於是在邁向百萬使命的三天密集課程中，我找到了我人生的使命。我的使命是：「我要啟發、激勵人們，特別是青少年，能以勇氣、自信、沒有恐懼、懷疑為基礎，活出每個人亮麗且充滿意義的人生。」

簡單來說，就是從事教育訓練業，成為一名助人向上、向

善的培訓師。

「當使命確定後，宇宙就會開始幫你。」從課程開始，我就積極的找曾經創業過的長輩請教，想確認該如何開始。我發現，只要主動機會就會來，這些長輩都非常樂意協助我，於是我很快就找到了會計師，自己也到高雄軟體園區去尋找適合創業的場地。

得知鴻海集團正在籌辦育成中心，我也順利的通過了鴻海及高雄大學的審核，進駐了高雄軟體園區鴻海創新科技及高雄大學創新育成中心，原來創業過程沒有我想像的這麼難。

還記得我在前面提過的小聲音嗎？「我想像」通常就是我們前進最大的阻礙，我們常創造出自己嚇自己的故事，也就是很會自己編故事。

但是未來都還沒到，我們如何預知呢？我在這十年間，不知道編織了多少次開公司如果賠錢怎麼辦、如果半年都沒有收入怎麼辦、如果產品賣不出去怎麼辦……之類的故事嚇自己。

其實最好的方式是問自己如何讓公司在三個月內開始獲利、如何在半年內達到損益兩平、如何讓產品大賣的十種方法……，編故事嚇自己一點用也沒有，但是讓腦袋想出十種讓自己事業能成功的方法，卻是令我受用無窮。

這是屬於我自己的故事，不是要大家一定得創業，但如果

你這輩子沒有創業會終生遺憾，那你一定要給自己一次機會，怕的不是失敗，怕的是從沒開始而已。

關於創業及找到自我的使命，要常常問自己這三件事：

一、我做這件事有沒有幫助到別人？

二、我有沒有很快樂？

三、我有沒有賺到錢？

如果答案都是「有」，那就做吧！

我給自己創業的十個理由是：

一、我是一個人才。

二、這件事非我不可。

三、沒有創業我會有遺憾。

四、我創業是為了解決別人的問題。

五、我能為別人創造價值。

六、透過我的教育訓練公司，將協助人們圓夢。

七、今生不做，不知來生。

八、我一定會成功，非做不可。

九、別人可以，我也可以。

十、做就對了。

看看我的故事，想自己的人生，何不拿起紙筆，也給自己寫下非創業不可的十個理由吧！

• •

往好處想的練習

如果我看到許多人創業失敗，請往好處想……

47
不要一個人吃午餐

» 凡事往好處想宣言

我有情有義、知恩圖報，別人對我好刻在石頭上，別人對我不好寫在沙灘上。

有一次中午到餐廳用餐時，看到一位曾有一面之緣、不算朋友的朋友，如果是一般人就會想說不是很熟，不用打招呼吧！第一時間我腦袋裡的小聲音，也是這麼說的。

而察覺腦袋裡的小聲音是，我們邁向成功的第一步，這樣的想法對我是沒有幫助的，多認識一個人，也許他就是你人生中很棒的貴人。於是我走近他身旁，他也認出我來了，他隨即邀請我坐在他旁邊。

不聊還好，一聊才知道，原來他是一間公司的總經理，目前公司研發的一款虛擬主機軟體，即將搶攻臺灣市場，並且在未來二、三年要進軍對岸。席間他跟我分享了很多我不曾聽過

的領域，也告訴了我他們這個公司的商業模式。

　　一個小時的用餐時間，我除了認識了一位總經理，更了解其他行業的商業模式，他不但邀請我參觀他的公司，並且有一個合作方案機會，這些收穫真是太棒了！

　　在職場的人脈學裡有一本書《不要一個人吃飯：教你從零開始做人脈》，書中前言提到，美國史丹佛研究中心曾經發表過一份調查報告，結論中指出，一個人賺的錢，12.5％來自知識，87.5％來自人脈。也有人說：「30 歲以前靠專業知識賺錢，30 歲以後靠人脈關係賺錢。」

　　成功到底靠的是什麼？是能力還是人脈，還是兩者都有？其實能力和人脈對於事業成功的影響，總的來說有三個方面：

　　第一種，有能力，沒有人脈。一輩子不可能有多大的出息，因為沒有人知道你有能力，你的能力也無法得到發揮。

　　第二種，有人脈，沒有能力。照樣能生存，畢竟這個社會靠人脈關係吃飯的人還是有的。

　　第三種，既有能力，又有人脈。就會產生這樣的結果：一分的耕耘，數倍的收穫。

　　老一輩的人都會說：「人脈就是錢脈。」我們一定要當別人的貴人，有一天別人也會當我們的貴人，這件事在職場尤其重要。如果你事事只顧自己，而沒有團隊概念，你將註定是

孤單的，甚至更嚴重的會被排擠；反之，如果你與大家都能結一份好緣，只要別人有事，你都把它當成自己的事來看待及協助，你在職場的人際關係一定如魚得水。

　　但是你會行動嗎？行動才是最重要的。坐而言永遠不如起而行，明天開始，午餐就不要一個人吃了，趕快去創造一個午餐機會認識人脈，讓自己的視野打開，也許這一餐的貴人即將改變你的人生！

　　往好處想的練習
　　如果我沒有人脈，請往好處想……

㊽
找到你的熱情再從事它

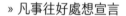

» 凡事往好處想宣言

我真正的活著，對所有的一切說 YES。

學生問我：「達宏老師，我為了生意心煩，怎麼辦？」

我：「你為何要做這個生意？如果你是為了賺錢，為何選擇做這個生意，為了錢而做，你就會心煩，生意好人倒，生意不好店倒。」

學生：「那要為了什麼而做？」

我：「答案是『熱情』，為你所熱愛的事而做。」

賈伯斯在 2005 年史丹佛大學畢業生演講時，提到以下這些關於熱情的名言。

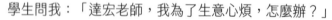

◆「你一定要找到熱情所在，把事情做得有聲有色的唯一方法，是熱愛你做的事情。如果你還沒找到，就繼續找，不要勉強遷就。」

◆「最寶貴的人生體悟，是找出人生的目標，追隨熱情。人生苦短，不該老是做那些自己不愛做的事。」

◆「追隨熱情，活著才有意義。」

◆「熱情是人生的動力來源。」

◆「對工作要有熱情，那才是重點。」

◆「不要勉強遷就，阿門！」

　　物理學家愛德華・阿普爾頓（Edward Appleton）這樣說過：「我認為，一個人想在科學研究上取得成就，熱情的態度遠比專門知識更重要。」

　　李開復說：「做你有熱情、而非有才華的事。」

　　比爾・蓋茲說：「每天清晨當你醒來的時候，你都會為技術進步給人類生活帶來的發展和改進而激動不已。」從這句話中，我們可以看出他對軟體技術的興趣和熱情。

　　為了找到真正的興趣和熱情，你可以問自己，對於某件事，你是否十分渴望重複它，是否能愉快、成功的完成它？你過去是不是一直嚮往它？你是否總能很快的學習它？它是否總能讓你滿足？你是否由衷打從心底喜愛它？你的人生中最快樂

的事情是不是和它有關？

　　最重要的一個問題是，如果不給你錢，你會想做什麼？

　　親愛的朋友，做你喜歡的事，你有可能會失敗，做你不喜歡的事，你也有可能會失敗。找到你的熱情再去從事它吧！

．．

🏰 往好處想的練習

　　如果我的工作總是日復一日，因而沒有了熱情，請往好處想……

❹❾
想成交要先成交自己

» 凡事往好處想宣言

當我活出我的百分之百，我就會彰顯榮耀我的生命。

　　在公司第一次的經典講座「錢是今生」時，來了一位新學員，我問她從事什麼行業，服務哪一群人，提供了什麼價值？

　　她：「我從事的是惡名昭彰的保險業。我知道在介紹我的行業時，你會說，喔！保險業喔！謝謝再聯絡。」

　　聽到這裡，我打斷了她：「你的內在世界，會創造你的外在世界。」

　　我接著說：「你是什麼時候告訴自己，你從事的是惡名昭彰的保險業？你又是什麼時候開始在內心裡否定了自己的努力，否定了你所從事的事業？你有因為從事這個行業而感到榮耀嗎？」

　　她突然懂了些什麼，說：「我再也不會把惡名昭彰掛在嘴邊了。」

　　我又喚醒了一個「迷失的靈魂」。

　　各位朋友，你是不可能把自己變成一位你討厭的人，如果你從事的事業，打從內心根本就無法認同，這樣不管你賺不賺得到錢，我大概能說，你一定過得不快樂。

　　保險業有很多助人的案例，為什麼你不是說：「我從事的行業雖然不能改變你的生活，但我能幫助你的生活不會被改變。」

　　你的人生不好也不壞，它只是按照你腦袋裡所相信的，活成你現在的樣子。

　　人此生會有三個影響你生命狀態的關鍵要素：

　　一是體態，你的身體與狀態，會影響你的情緒乃至於感受。

　　二是焦點，你聚焦在哪裡，你的生命就在哪裡。

　　三是語言與賦予的意義，一旦你用「惡名昭彰」這四個字形容你的工作，就會代表著你的內心深處，慢慢的語言會成為實相，不得不慎。

　　倘若每天都在從事著惡名昭彰的事，你還沒能幫助到別人，就可能先讓自己內在天天受害了。別忘了，你的內在世界

會創造你的外在世界，你所使用的語言最終會成為實相，你只會活出你自己對自己的定義。

夜深人靜時，通常是我文思泉湧的時刻。我的這本書有很多內容就是在這種時刻寫出來的。我以前就有出書的想法，但朋友告訴我：「你又沒有什麼知名度，出書誰跟你買呀？」

聽起來好像有道理，但是會說這句話的朋友，只因為他沒有出過書，所以他也不知道出了書誰會買，甚至出書的流程也不清楚。

如同你想去爬玉山，卻找一個從來沒爬過玉山的人，你去問他爬玉山要注意的事，他可能會回答：「聽說上面空氣稀薄，很困難，會爬不完喔！」

但是如果找到一位已經爬了 876 次的人問，他可能會回答：「就是這樣一、二、三準備好就上去了，簡單得很！」

所以，我們的人生中到底要問誰的意見？

如果你的生命想要找到解答：就去問那些已經做到的人的意見，而不是那些從來沒做過的人的意見。例如你如果想做出世界冠軍的麵包，吳寶春大概就是你請益的對象；你如果想成為臺灣首富，郭台銘也許是你學習的目標。

如果你想成為「你想成為」的人，就去看看某個已經做到你要的結果的人，他有你想要的影子。想辦法跟他學習，模仿

他的生活、模仿他做的事、模仿他的人生態度，就算不像也有三分樣。你必須現在就開始，過你未來想要過的樣子，你未來才會實現你真正想要的生活。

根據心理學家統計，真正成功又快樂的人，都有這五大特質：

一、他們的快樂來自於內心

這不是關於金錢、物質，也不是任何權利或現實的寄託，他們知道自己正在做什麼，也對生活充滿希望、熱情。快樂是具有傳染力、也是富有熱情的，不要吝嗇自我的付出，因為當你懂得奉獻，所獲得的收穫是無比巨大的。

二、他們不讓恐懼阻礙前行

快樂的人無所畏懼，而且會毫不猶豫的追求自己嚮往的目標和勇氣，他們通常會挑戰離開舒適圈學習，放棄穩定高薪去挑戰自己一直有興趣的事物，當義工或在非營利機構服務，幫助更有需要的人。

三、他們渴望建設性的批評

　　成功的人會不斷尋求反饋，了解自己可能做不足或是沒有表現完美的部分。他們會從中吸收有建設性的建議，進而吸收內化，忠言也許逆耳，換個心態去接受，其實感受會大為不同。

　　成功的人拒絕嫉妒，也絕不去羨慕，他們訓練自己努力找到一位合適的導師，在虛心的學習下成長，也彼此相互合作、激勵、鼓勵。

四、他們會與人分享自身的喜悅和知識

　　與他人分享他們的智慧、歡樂或對生活的熱愛，這是保持前進動力的一大方針。

五、他們也是會有低潮

　　是的，他們是人，幸福生活的人，就像其他人一樣，他們也會經歷悲傷，經驗喪失、拒絕、悲痛和困難的時期。

　　不過，他們具有彈性、韌性，他們知道困難時期不會永遠持續下去，因為失敗無法定義他們是誰。他們知道生活有起伏，但是要利用這些波折，持續向前邁進。

看到快樂成功的特質了，若你每天早上起床，可以就給自己說一句話：「今天就是生命中最美好的一天。」然後一整天都不抱怨、凡事感恩，如果你能連續說 21 天，你可以看看你的生命會有多大的改變。

因為我們人是習慣性的動物，命好不如習慣好，放棄只要一秒鐘，堅持需要一輩子。

從今天開始，就去活出你自己想要的人生，找對的人發問，並且勇敢的採取行動，你就會得到你想要的結果。

・・・

往好處想的練習

如果我身旁都是負能量的人，請往好處想……

⑤⓪ 行動會創造結果

» 凡事往好處想宣言

想法創造感受，感受創造行動，行動創造結果，我言必行、
行必果。

如果你做同樣的事，只能獲得同樣的結果。

在我們的「覺醒」三天課程，並非是我在教導你什麼，而
是透過許多的練習，讓你在課程中與學長、學姐、同學直接練
習，因為你不是只是坐著聽，而是採取了行動，因此對於你生
命的改變，是你自己做到的。

例如在課程中，我們會邀請大家練習「生前告別式」，
親自舉辦一場生前告別式，你必須準備好你的祭文，然後參加
自己的告別式。這場告別式後，許多人找到了人生到底要去哪
裡、要完成什麼，還有要對誰道愛、道謝、道歉、道別。

你親自走過了一次生命的體驗，許多同學在這個練習

中，看見了自己最重視的，也放下了那些過去的傷和生命的痛。覺醒課程是幫助你了悟如何使用自己，同時了解宇宙的運作法則。

上完課後，我常接到學員的回饋：

「老師我要跟你說，我的精神科醫師說，我吃了二十幾年的藥可以停了，這真的太神奇了，只因為三天的覺醒課程，就讓我找回了我自己！」

「老師我要跟你說，上完課後，我的公司現在已經從一間店開到六間店了，所有要當店長的人，都要先來上過覺醒課程。」

「老師我要跟你說，我回去跟我的婆婆道歉，過去我知道我是個惡妻逆媳，現在上完課是賢妻良母了。」

「老師我要跟你說，我以前三不五時就跟老公吵架，上完覺醒課後，現在我終於知道，事情要改變，我要先改變，我現在好幸福。」

一個又一個的故事，在上完覺醒三天課程後，他們告訴我的真實改變，教我如何不感動？

過去的我們，不知道人的使用手冊、宇宙運作法則，我們總是很用力，但卻得不到我們想得到的。這個世界，你可以用

力、努力的成功，你也可以喜悅優雅的成功，當你學會掌握自己的生命，了悟「我」是一切的根源，那一刻起就是「覺醒」的開始。

舉個例子，為何大多數的人收入不高、賺不到錢？以往，我們想到的都是「自己」，我們想要從客戶上多賺一點錢、我們想要從老闆那裡再多賺點薪水、我們想要把產品賣出去……，你有發現你都在「要」嗎？

但覺醒後，你會清楚知道，當你要的時候代表的是匱乏，而唯有你開始「給」，你才會豐盛起來。

• •

往好處想的練習

如果我得到的結果都不是我要的，請往好處想……

51
我跟郭台銘的對話

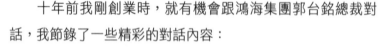

» 凡事往好處想宣言

我隨喜比我更成功的人，以他們為我的人生典範。

十年前我剛創業時，就有機會跟鴻海集團郭台銘總裁對話，我節錄了一些精彩的對話內容：

我：「人生或是創業，每天都在面對選擇，如何做出正確的抉擇？」

郭總：「你們家附近哪一間廟最近，你去擲筊，一直擲到三個聖筊，最好還是六個，那是在增強你的信心。想清楚你確定要做的事，去做就對了！」

然後郭總問我：「你一天睡幾個小時？」

我：「八個小時。」

郭總：「那你不要創業了，去當人家員工吧！我每天睡六個小時，連續三十年。如果創業沒有決心，那就不要做了！」

　　我只覺得郭總裁好平易近人，跟電視上看到的不一樣，他說了好幾件事讓我很感動。他說他的成功是充滿傷痕的，他說我今天是來說失敗經驗的，我在他身上看到「**稻穗越飽滿越低頭**」的精神！

　　以下是郭總裁的對話重點節錄分享：
◆ 創業要有膽識、傻勁。
◆ 錢是英雄膽，最怕用別人的錢，因為你不珍惜！
◆ 現在的時代不是要做對多少事，而是少做錯多少事。
◆ 大家都看不到的商機，就靜靜的做。
◆ Zara 成功的營運模式：貼近市場、高貴不貴、在短時間內把版型做出來。
◆ 營運模式對，策略好才會成功。
◆ 借錢比找夥伴成本來得低。
◆ 做生意三階段：
　　1. 搏一場；
　　2. 投機；
　　3. 投資。
　　要清楚自己在哪一個階段。
◆ 創新的動力就是好奇。

◆ 夥伴如果沒有誠信，就不要在一起了。

◆ EMBA 就是拓展人脈這樣而已。

◆ 創業要執著。

◆ 創業五部曲：

　　1. 責任；

　　2. 權利；

　　3. 策略；

　　4. 決心（做任何事要有必勝的決心，郭董每天 12 點
　　　　睡、6 點起床，連續 30 年）；

　　5. 方法（愛迪生歷經一萬次的失敗，曾雅妮如果沙坑打
　　　　不好，當天晚上打 500 球）。

◆ 要怎麼收穫，先怎麼栽。

◆ 你的決心到底有多大？

◆ 如果一個董事長一直把時間和重心放在非本業上，千萬不
　要去投資他。

・・

🏰 **往好處想的練習**

　　如果我覺得人生沒有選擇，請往好處想……

52
人為什麼總是跟別人攀比

» 凡事往好處想宣言

我已經夠好了、我已經夠好了、我已經夠好了。

因為害怕三件事：一是沒有，二是失去，三是減少。當這三件事發生時，我們就會陷入了「我不夠好」，最後你會覺得「我不被愛」。

我們的眼睛總是往外看，很少往內求。當我沒有錢、別人有錢時，你的比較心就來了；當我原本有好的工作和事業，然後我失去了，就會覺得自己倒楣；當我現在的收入是 5 萬元，突然減少成 3 萬元，你就會害怕。

給大家三個方法，來對治「比較心」：

一、你這輩子不必成為「誰誰誰」，也不需要成為「誰誰誰」

每個人都有自己此生的天賦與使命，去找到自己的。佛陀不需要成為耶穌，耶穌也不用成為佛陀，祂們兩位都是大智慧者，每個人都要發自己的光就好，不用去滅別人的燈。

看見好的，我們就隨喜他，把羨慕改為欣賞。你有錢，很棒，我欣賞你；你事業成功，很棒，我欣賞你；你做好事，很棒，我隨喜你。

二、你的現況，其實是你的選擇

如果你滿意現在的生活，很棒，繼續下去；如果你不滿意，你隨時可以改變它。當你在羨慕別人，或覺得自己不夠好的時候，你其實有選擇。你現在的生活型態是你自己選的，如果不喜歡，你隨時都可以做出改變。

我收入不夠好，我選擇改變；我工作不夠好，我選擇改變；我關係不夠好，我一樣可以選擇改變。這世界上沒有什麼是對的選擇，只有你的選擇。

三、專注在那些你做得好的，而不是你做不好的

人們常陷入比較的，就是拿你自己做不好的去跟別人做得好的比。麥可·喬丹如果去跟吳寶春比做麵包，他一定覺得自

己做得不好；王建民如果跟賈伯斯比設計電腦，他一定也覺得自己做得不好。重點是，你什麼是做得好的！

去看看自己有什麼是做得好的，譬如我擅長當最有溫度的講師，我很擅長賦予生命美好的意義，你呢？你擅長什麼？

往好處想的練習

如果我感覺到害怕，請往好處想……

❺❸
成功的路上，「慢」一點吧！

我喜悅優雅的成功。

在我的許多課程跟演講中，不乏一些事業有成、飛黃騰達，大家口中的有錢人來到我的課程中。我常會問這些人一句話：「你快樂嗎？」

他們的回答通常是：「達宏老師，開什麼玩笑，當然不快樂！」

聽到這裡，你一定覺得不可思議，對吧！這不是大家在追求的一種境界嗎？為什麼大多數的有錢人反而覺得不快樂？於是我又會追問下去。

我：「為什麼你現在這麼有錢，卻不快樂？」

他：「我年輕時就一個人隻身到對岸奮鬥事業，我一年回來不到兩次，如今我雖然事業有成，但是我的老婆離開我，我

的兒女也跟我不親，我感到很孤單，請問快樂何在？」

我：「所以你要的快樂是家人陪伴？」

他：「是呀！但是來不及了，這些年我只專注在賺錢，完完全全的忽略他們。」

我又問了另一位事業有成的老闆。

我：「為什麼你不快樂？」

他：「現在我的分店數很多，我經常忙著管理事業，而這些事多到我連睡覺的時間都沒有，哪來的快樂？我當初創業，是為了能有更多時間陪伴我的家人跟孩子，讓他們能夠有更好的生活品質，而如今後者有了，我卻沒有了時間。」

我：「你最快樂的時刻是什麼？」

他：「我回想當初創業，我跟太太兩個人窩在小小的房間裡一起努力的那種時刻，當時雖然沒有錢，但是我們彼此的心是在一起的。現在房子越來越大，心卻離得卻越來越遠，看似錢越來越多，但愛卻越來越少。」

聽完他們的答案後，我都會說，既然不快樂，那你在忙什麼？

大多數的人們都在盲目的追求所謂「世俗的成功」，追求成功沒有錯，錯的是你不知道對你而言，更重要的是什麼？當你偏離了你心中最重要的軌道，即便你獲得了天下的金錢，你

只會覺得離快樂越來越遠。

我的老師賴瑞‧吉爾曼曾問過世界知名的潛能開發大師安東尼‧羅賓以及哈福‧艾克一個問題：「如果人生可以重來一次，你是否還會依然選擇現在的路？」

這兩位世界級大師的答案竟然有志一同：「會！但是這次我會『慢』一點！」

現今的世界，我們在追求的是快速成功，但是這些大師卻說要慢一點。而我認為那個「慢」，是心要定，代表的是要欣賞這一路的風景，更重要的是要用平衡的方式，跟著你愛的人一起走這一段路。

人生其實很簡單，只是我們過得很複雜。金城武有一句廣告臺詞是這麼說：「世界越快，心則慢。」

追求成功沒有錯，只是可以慢一點。這世上有兩種成功模式，一種是努力、用力的成功，另一種是喜悅優雅的成功，你會選哪一種？

以下提供三種方法，可以讓你喜悅優雅的成功。

一、每個人都是獨一無二的靈魂

我們來到這個世界，每個人都是獨特的，從來就不會有誰跟誰一樣，從來也都不需要誰跟誰一樣，你不需要成為郭台

銘，你也不需要成為馬雲。去找到屬於自己熱情、開心、從事它會讓你感到享樂的事做，即使結果不符合你的預期，但至少你會是快樂的。

二、跟正向積極的人在一起

近朱者赤、近墨者黑，在我們的生活及事業、工作、社會裡，我們無法避免跟其他人待在一起。既然無法避免，更重要的是我們要學會選擇，有句話說：「你的收入就是你身旁最好的五個朋友的平均。」

你跟誰在一起，就會成為什麼樣的人。古代孟母三遷，就是為了幫助孩子能夠擁有正向環境，能幫助孩子跟正能量的人在一起。而我們也是一樣，去找到在成就上比你更成功的人，去學習他的方法，你會發現，你也可以做得到。

三、做對的事、不是把事做對

在我們的一生中會完成很多事，我們也會花很多時間完成它，但是「把事做對」跟「做對的事」哪個重要？相信有智慧的人一定可以知道，做對的事永遠是更重要的。一天只有 24小時，我們把時間花在哪裡，成就就會在哪裡。

成功人士經常會問自己，今天最重要的三件事是什麼？可

能你一天有五十件事要做，但其中只有三件最重要的事，值得你花時間。你必須開始做好時間管理，只做對的事，漸漸的你會發現，當你把重要的事都做好了，其它的事自然而然也就不那麼重要了。

● ●

🏰 **往好處想的練習**

如果我落入了跟別人的比較，請往好處想⋯⋯

54
你有人生藍圖嗎？

» 凡事往好處想宣言

我擁有人生遊樂場的票，要怎麼玩由我決定，我的人生我
來主宰。

　　在每年年底，我都會開設一個「重新設定你的人生藍圖」
課程。為什麼我們需要藍圖？藍圖是你在蓋房子時，需要先預
見的未來。

　　如果我們要蓋的是一〇一大樓或是平房，我們所需要畫的
藍圖一定不會一樣。而我們的人生也一樣，要先問自己，這輩
子你的「人生藍圖」會是什麼？它看起像怎樣？

　　我記得某一次的課程後，學生中最小的小朋友只有9歲，
他一整天設定了他自己一輩子的人生藍圖，他說他要開一個咖
啡館，然後要成為一個舞蹈家、要成為一個鋼琴家，還要蓋一
間動物園……，其中最令我感動的是，他的人生藍圖裡面有一

項，要幫助窮困的孩子有飯可以吃。

美國哈佛大學統計顯示，有設定目標跟沒有設定目標，平均收入的差距竟然高達十倍。我要祝福你們，都能夠清晰活出自我的人生藍圖，你會快樂是因為你的生活跟你的藍圖是一樣的。

世界知名激勵大師安東尼·羅賓說：「這世界上有兩種人很悲哀，一種是完全沒有目標的人，一種是完成了目標卻沒有下一個目標的人。」

這輩子要精通兩件事，一是成功的科學，一是感恩的藝術，如果你只是追求成功卻不懂得感恩，那將是終極失敗。

有目標的人在實踐，沒有目標的人在流浪。我們每個人都在為了生命而努力著。

而喜悅優雅成功的人，時時懂得感恩，感恩自己這麼努力走了那麼遠、感恩你身旁的家人不離不棄、感恩事業夥伴陪我們走了這麼長的路、感恩客戶成就了我們。

感恩，感恩，凡事感恩，處處感恩，當你這麼做時，你就會充滿了幸福跟喜悅。

• •

🏰 往好處想的練習

如果我沒有人生目標、不知道未來何去何從，請往好

處想……

55
人生不完美，但依然好得很

» 往好處想宣言

嘿！你做得很好了。

你不必完美，這世上也沒有完美的人，這輩子你不可能也不需要討好所有的人。

我要跟你說，你辛苦了，你夠好了，你值得擁有美好的人生！我覺得你是一個有價值的人！

我想跟你說，我以你為榮！我愛這樣的你！

在我的講師生涯中，也跟成千上萬的學員結過好緣，其中我培訓的兩位「超級講師」，用人生血淚寫了一本合輯《人生不完美，但依然好得很》。

數年前我受邀擔任一場「說出生命力」演講比賽的評審，這也是我第一次見到這兩位生命鬥士。

　　張雅如，在 17 歲那年出了一場車禍，導致頭部以下全身癱瘓，全身零觸感，連自己擦眼淚的能力都沒有，整天只能面對天花板過日子。

　　林昭坤，被稱為輪椅界的金城武，有著帥氣的外表，但他的命運也是遭受一場嚴重車禍，現在全身只有六分之一有感。

　　想像一下，如果你失去了雙手，你是否會因此灰心喪志？如果你失去了雙腳，你是否會因此無法前行？

　　如果你連擦自己的眼淚的能力都沒有，如果你的人生只剩下了天花板與你為伍，你認為這樣的人生應該如何過？

　　怨天尤人，抱怨著老天為何這麼不公平？

　　唉聲嘆氣，整天埋怨這個世界？

　　自暴自棄，放棄自我？

　　除了上面那些以外，還是你有更好的選擇？

　　林昭坤說：「這從來就不是我的人生規劃！」

　　九二一大地震那一年年底，突如其來的一場車禍，林昭坤被全罩式安全帽擠壓到頸椎第六、七節骨折，傷到脊髓神經，造成胸部以下癱瘓無知覺，從此雙手手指無法抓握，手臂無法高舉，排泄功能障礙，終生必須倚靠輪椅代步，那一年他才 25 歲。

　　看似悲慘的輪轉人生，因著愛與感恩，以及對生命的熱愛，林昭坤再度滾動出無比精彩，活得更加豐富且充滿希望。他說他從沒想過生活竟然能有這麼多的斜槓經歷——成為桌球國手、生命教育講師、協會理事長、董事、委員、督導……等多種頭銜，這都是意外所造就的意外人生呀！

　　林昭坤說：「也許我該明白，我是被上帝幸運的撿選，賦予使命，並透過用生命去影響更多的生命。現在，我能以笑看人生的態度，從輪椅的視野望見寬廣世界，繼續輪轉乾坤，創造生命的價值。」

　　而張雅如在 17 歲時因一場意外，被宣判頸部以下終身癱瘓，人生一夕轉變。從恐懼、接受到逆轉人生，她以生命見證真正的勇敢，不是不害怕，而是即使害怕，依然願意去克服恐懼面對它。

　　自 2002 年開始，張雅如投入生命教育工作，決定以「以生命影響生命」為使命，並在 2017 年榮獲「中國金牌培訓師100 強」的殊榮。

　　從只能看著天花板的人生，到獲得人生第一個國際大獎，張雅如從來沒有想過會得到這樣的獎項與肯定，她明白了「生命永遠不是很厲害才能開始，而是開始了才會變得很厲害」。

　　過去，張雅如抱持著「即使拿到不好的牌，也要打出一手好牌」的不認輸信念，雖然因此堅強的挺過許多難關，但也讓自己變得緊繃。

　　隨著生命的成長，讓她體悟到活在當下的道理，明白人生該為自己而活。因此學會更加自在、更加珍惜的看重自己，並且活出自己的價值。

　　雖然坐在輪椅上看世界，世界仍然在張雅如的雙腳下被踏出來。每個人的人生都不一樣，生命也不會是只有一種型式呈現，她只是用不一樣的方式走路而已。

　　他們兩位説：「老天揀選我們，是因為我們有著別人所沒有的勇敢。」

　　我深受這兩位生命鬥士的感動，於是我邀請他們走進我的「超級講師培訓課程」及「進階講師培訓課程」等教室。

　　我想盡我所能，教會他們我所知道的，於是他們成為了我的學生，而我成為了他們的老師。又或許説，我們都是彼此生命的老師，他們教會我什麼才是勇敢、樂觀、永不放棄。

　　我告訴他們，要走向更大的舞臺，我鼓勵他們出書，用生命影響更多的生命，於是經歷了兩年的努力，終於有了《人生不完美，但依然好得很》這本書的誕生，我盼望著他們能像他

們心目中的生命鬥士力克・胡哲一樣，發揮更大的影響力，走向國際，並且發揮我一直在宣揚的「向上向善」使命。

要出一本書真的不容易，我從頭到尾參與了他們的著作誕生，一路上的挫折、困難沒有少過，但正如同他們的人生一樣，他們又一次一次的走過。

他們兩位從來沒說過一句「難」字，更聽不到「我不會、做不到、不可能」，這本書在兩年內暢銷了超過 7000 本。

最後，我想以他們兩個人的生命故事，給大家鼓勵，如果你覺得人生很難，想想他們兩位。

● ●

🏯 往好處想的練習

如果我全身癱瘓、不知道未來何去何從，請往好處想……

左：林昭坤　中：林達宏　右：張雅如

【寫在最後】請往好處想，人生就會不一樣了！

感恩你們的支持，讓這本書能順利付梓。

感恩過去這些年教導過我的老師，讓我能夠成長茁壯。

感恩達陣的學員們，一路的肯定。

感恩所有一切的好因緣。

出生在貧窮家裡的我，從放牛班到執行長，如果我可以，你一定也可以。

祝福你們能透過這本書「輕易豐盛、富足有餘」。

做任何事一開始都是不習慣的！

我知道凡事往好處想起頭很難，但是，你開始吧！

我知道你會說我不知道怎麼做，但是，你開始吧！

我知道你會說你需要勇氣，但是，你開始吧！

我知道你會說好難喔，但是，你開始吧！

我知道你還會說我怕我會失敗，但是，你開始吧！

我知道你會說我可能不會成功的，但是，你開始吧！

我知道你可能會說我沒有錢，但是，你開始吧！

我知道你可能還有很多的藉口要說，但是，你開始吧！

這一切的答案，會在你「開始」之後現身！

只要你記得那句咒語：

請往好處想，人生就會不一樣了！

凡事往好處想的遊戲

金錢 X 生活 X 幸福 X 教育 X 職場
最有溫度的心靈導師林達宏老師，帶你走出人生困境的 55 個心法

作　　　者／林達宏
美 術 編 輯／孤獨船長工作室
責 任 編 輯／許典春
企畫選書人／賈俊國

總　編　輯／賈俊國
副 總 編 輯／蘇士尹
編　　　輯／高懿萩
行 銷 企 畫／張莉滎・蕭羽猜・黃欣

發　行　人／何飛鵬
法 律 顧 問／元禾法律事務所王子文律師
出　　　版／布克文化出版事業部
　　　　　　臺北市中山區民生東路二段 141 號 8 樓
　　　　　　電話：(02)2500-7008 傳真：(02)2502-7676
　　　　　　Email：sbooker.service@cite.com.tw
發　　　行／英屬蓋曼群島商家庭傳媒股份有限公司城邦分公司
　　　　　　臺北市中山區民生東路二段 141 號 2 樓
　　　　　　書虫客服服務專線：(02)2500-7718；2500-7719
　　　　　　24 小時傳真專線：(02)2500-1990；2500-1991
　　　　　　劃撥帳號：19863813；戶名：書虫股份有限公司
　　　　　　讀者服務信箱：service@readingclub.com.tw
香港發行所／城邦（香港）出版集團有限公司
　　　　　　香港灣仔駱克道 193 號東超商業中心 1 樓
　　　　　　電話：+852-2508-6231 傳真：+852-2578-9337
　　　　　　Email：hkcite@biznetvigator.com
馬新發行所／城邦（馬新）出版集團 Cité (M) Sdn. Bhd.
　　　　　　41, Jalan Radin Anum, Bandar Baru Sri Petaling,
　　　　　　57000 Kuala Lumpur, Malaysia
　　　　　　電話：+603-9057-8822 傳真：+603-9057-6622
　　　　　　Email：cite@cite.com.my

印　　　刷／韋懋實業有限公司
初　　　版／2022 年 7 月
定　　　價／380 元
Ｉ Ｓ Ｂ Ｎ／978-626-7126-44-8
　　　　　　9786267126462(EPUB)

城邦讀書花園　布克文化
www.cite.com.tw　www.sbooker.com.tw